知的生きかた文庫

関東と関西
ここまで違う！　おもしろ雑学

ライフサイエンス

三笠書房

はじめに――関東と関西、比べてみたら……

関東と関西といえば、なにかと比較されるライバル同士。狭い日本で、どうしてこんなにも気質や文化が違うのか……。

その一端をひも解いたのが本書である。

関東人からいわせれば、関西人はせっかちで、なにかにつけて「ノリのよさ」を求めてくるのが苦手だというし、関西人からすれば、どこか気取って見える関東人は、冷たい人間に映るらしい。

どうやら両者それぞれ、関東、関西に対する固有のイメージが根付いているようだ。

でも、ちょっと待った！

せっかちなのは関西人ではなく、関東人だというデータがある。早歩きを調べたデータでは、大阪を抑えて、神奈川、東京、埼玉、千葉と軒並み関東勢が上位にランクインしている。

男女関係においても、ノリのいい関西女性のほうが恋愛に積極的で、奔放《ほんぽう》に思われそうだが、実際は、関東の女性より身持ちが堅いというデータがある。

また、「江戸っ子は宵越しの金は持たない」といわれるが、何を隠そう、預貯金額のトップは東京である。大阪はそれほど順位は高くなく（全国24位）、宵越しのお金を持っていないのは、むしろ大阪のほうである。

本書を読めば、これまでの関東と関西のイメージが覆るに違いない。


関西がなければ関東は生まれなかっただろうし、関東がなければ関西は際立つことはなかっただろう。永遠のライバル同士、言い換えれば、永遠のパートナーといえる存在、それが関東と関西である。

本書では、食、生活スタイル、レジャー、ビジネスなど、さまざまな観点から関東と関西を比較して徹底検証を重ねた。両者の違いの背景にある、意外なウラ話をご堪能あれ！

ライフサイエンス

目次

1章 こんなに違う！ 「食べ物」に見る東西の好み

2章 住んでびっくり！ 東と西の「生活スタイル」

3章 知れば納得! 関東・関西の「言葉づかい」

4章 「交通・インフラ」で読み解く東西の事情

5章 「経済」から見えてくる東西のホンネ

6章 お互いに譲れない「歴史・文化」の東西決戦！

7章 どっちが常識!? 東西で異なる「性格・気質」

8章 「自然・動物」も東と西では別世界！

9章 「レジャー」の楽しみ方で東西気質が一目瞭然!

編集協力／渡辺稔大
本文イラスト／ヤギワタル
本文DTP／株式会社Sun Fuerza

1章

こんなに違う！「食べ物」に見る東西の好み

FOOD

西日本では丸餅、東日本では角餅がつくられるようになったワケ

正月に食べる雑煮は汁の味付けも具も地域によって多種多様だが、**メインである餅の形は、西日本では丸餅、東日本では四角い角餅と二分される傾向にある。**なぜ、東西で形が違うのだろうか。

この違いが生まれたのは江戸時代だといわれている。それまで餅の形は全国共通で丸かった。餅を食べるのは正月やお祭りなどの特別な日、いわゆるハレの日だったため、「円満に暮らせるように」と願いを込めて、一つひとつ手で丸めてつくったのである。

ところが、江戸に幕府が置かれ、大都市へと発展し、急激に人口が増えると、正月に用意すべき餅の量も膨大になった。現代のように優れた保存技術もない当時、正月用の餅を短期間で大量につくらなければならない。

そうなると、一つひとつ手で丸めていたのでは時間がかかりすぎる。そこで、編み

出されたのが、大きくのした餅を切り分ける方法だった。こうして、江戸で角餅が誕生したのである。

もう一つ、江戸で角餅が主流になった背景には、武家社会だったことが大きく関係している。**角餅は別名「のし餅」ともいい、「敵をのす（討つ）」という意味に通じるとして、縁起がよいとされた。**つくり方も容易で、しかも縁起がよいということで、たちまち角餅は江戸周辺にも広がっていった。

こうして角餅は東日本に広がったわけだが、ある疑問が浮かぶ。つくるのが容易なら、関西でも角餅が広まってもよさそうなものである。にもかかわらず、どうして関西では丸餅がつくり続けられたのか。

関西を中心に西日本で角餅が受け入れられなかったのには、ある理由がある。**角餅は切り口からカビが生えやすいという弱点があったからだ。**寒冷な気候の東日本ならともかく、温暖な気候の西日本では、どうしてもカビは生えやすくなる。そのため西日本では、江戸時代以降も、丸餅文化のままだったというわけだ。

FOOD

「こどもの日」に関東では柏餅、関西では粽が食べられている

春のゴールデンウィークは気候もよく、レジャーにもってこいのお休みである。なかでも5月5日の「こどもの日」ともなると、「どこか連れていって」と子どもにねだられて出かける家族も多いだろう。

今では「こどもの日」というが、昔は「端午《たんご》の節句」と呼ばれていた。

節句とは、平安時代に中国から日本に伝わって年中行事化した風習で、季節の節目を祝う行事。人日《じんじつ》の節句（1月7日）、上巳《じょうし》の節句（3月3日）、端午の節句（5月5日）、七夕の節句（7月7日）、重陽《ちょうよう》の節句（9月9日）があり、これらは五節句と呼ばれる。

5月5日はちょうど田植えの時期であったことから、日本ではもともと菖蒲《しょうぶ》や蓬《よもぎ》を使って厄除けの行事が行われていた。その行事と端午の節句が結び付き、やがて**鎌倉時代に菖蒲が「勝負」につながることから男の子の節句となったのだ。**

この日は男の子の無病息災を願って、関東では柏餅、関西では粽《ちまき》が食べられる。ルーツである中国では何が食べられるのかというと、関西と同じく粽である。

端午の節句に中国で粽が食べられるようになったのは、中国の戦国時代の魏国の詩人・屈原《くつげん》の故事に由来する。

屈原は詩の才能に恵まれたばかりか、国王の信任も厚く、側近として重用された。また、国民も皆、屈原へ絶大な信頼を寄せていた。ところが、屈原を妬《ねた》んだ者の陰謀により、屈原は地位を失い、国から追放された。失意のどん底の屈原は、5月5日、汨羅《べきら》江《こう》で投身自殺してしまう。

屈原の死を悼んだ人々は川に供物を投げ入れ、屈原の魂を弔った。ところがある日、屈原の霊が姿を現し、「供物は悪龍に食べられて自分の元には届かないので、悪龍が苦手な棟樹《れんじゅ》で包むようにしてほしい」といったという。それ以来、棟樹の葉で供物を包み、川へ流すようになった。これが粽の始まりである。

こうして、**中国では粽を食べると悪病災難が除かれると考えられ、端午の節句に粽を親戚や知人に配る風習が生まれた。**この風習がそのまま平安時代に日本へ伝わり、宮中行事として取り入れられたのだ。

そのため、端午の節句は京都を中心に関西でまず広がった。ただし、関西で食べる粽は中国の粽とは中身が違う。中国の粽は、おこわが中に入っているいわゆる「中華粽」。一方、関西の粽は米粉でつくった餅を葉で包んでいる。関西の粽は武士が戦時に携帯する兵糧として用いられていた。

その後、端午の節句は全国に伝わっていき、江戸時代には広く知られるようになった。このとき、江戸では粽ではなく柏餅が食べられるようになった。

江戸で粽ではなく柏餅が広がった理由は、武家社会とのかかわりが深い。武家社会では、何よりも家の存続が求められる。そのため、新芽が出るまで古い葉が落ちない柏の葉は、子孫繁栄の象徴として重用されていた。こうして、江戸を中心とした関東では、端午の節句の供物といえば粽ではなく柏餅になったのである。

FOOD

パン好きな人が多い関西では、厚切りのパンがよく売れる！

はじめからカットして売られている食パンには、「8枚切り」「6枚切り」「5枚切り」などの種類がある。その中でも一般に関東では8枚切りや6枚切りが、関西では6枚切りや5枚切りが主流である。

逆に関東の店で5枚切りの食パンが売られていることは少ないし、関西のお店では8枚切りはあまり見かけない。つまり、**関東では厚みのない食パンが人気で、関西では厚みのあるパンが人気なのだ。**

その理由については、いくつかの説がある。一つは、関西の「粉もん文化」に由来するという説だ。

関西人は、お好み焼きやたこ焼きなど、小麦粉を使った食べ物が大好き。そうした食の嗜好から、パンに関してもいかにも粉もんといったもっちり感を楽しめるように、薄っぺらなパンよりは厚みのあるパンが好まれるというわけだ。

さらに、関西人パン好き説もある。そもそも関西人はパンが好きな人が多いため、パンのおいしさがしっかり味わえる厚切りを好むというのである。

そう聞くと、こじつけではないのかという気もするが、**実際に関西人が大のパン好きであることが、総務省の家計調査からも明らかである。**

パンの1年間の合計購入金額のトップ5には、すべて関西の主要都市がランクインしている。1位は神戸市で3万7951円、2位は京都市3万7553円、3位は大阪市3万6853円、4位は堺市3万6736円、5位は大津市3万5931円である。6位は中国の岡山市だが、7位も関西の奈

東西、パン好きはどっち？

主要都市別　パンの購入金額ランキング（20位まで）

順位	都市	金額
1位	神戸市	37,951円
2位	京都市	37,553円
3位	大阪市	36,853円
4位	堺市	36,736円
5位	大津市	35,931円
7位	奈良市	34,501円
8位	東京都区部	34,399円
10位	横浜市	34,106円
11位	川崎市	33,417円
14位	千葉市	32,777円
16位	和歌山市	32,560円
18位	津市	32,184円
20位	さいたま市	32,169円

※1世帯当たりの1年間の合計金額
※家計調査の1世帯当たり年間支出金額及び購入数量（二人以上の世帯）のデータから、2016～2018年平均の都道府県庁所在市及び政令指定都市のランキング
＜資料：総務省統計局「家計調査（二人以上の世帯）」＞

良市で、8位にやっと関東のトップとして東京都区部がランクインしている。

関西人のパン好き説は、あながちこじつけともいえないのだ。

また、**関東ではパンを間食として、関西では食事として考えるからという説もある。**

関東でパンといえば、銀座の木村屋總本店のあんぱんが代表格。あんパンのような菓子パンから普及したため、パンはおやつというイメージが強い。そのため、食パンに関しても、手軽につまめる薄切りパンのほうが人気になった。

一方、関西でパンといえば、まずホテルやレストランで外国人向けに出された。そのため、パンは食事というイメージが広がり、食事として食べるなら、食べごたえのある厚切りが好まれたというわけだ。

普段何気なく食べているパン一つとっても、関東と関西では嗜好が異なり、その理由に思わず納得させられるのだから面白いものだ。

FOOD

関東では鰹節、関西では昆布がベースの出汁が好まれるワケ

関西の人が進学や転勤で関東へ引越しすると、「関東の味付けは濃くてくどい」と感じるという。一方、関東の人が関西へ引越しすると、「関西の味付けは薄くてもの足りない」と感じるそうだ。

こうした東西の味付けの違いの根底には、出汁をとる食材の違いがある。**関東では主に鰹節をベースに出汁をとるが、関西では昆布のうま味を強調する傾向にある。**

鰹節と昆布は、どちらも出汁をとる際に欠かせない重要な食材であることに違いはない。しかしなぜ、関東は鰹節、関西は昆布を好むようになったのだろうか。

その要因の一つは、水にあるといわれている。

関東の水がミネラル分を多く含む水なのに対し、関西の水はミネラル分が少ない水。昆布出汁のうま味成分であるグルタミン酸は、浸透圧の作用により水に溶け出す性質がある。

しかし、ミネラル分の多い水の場合、浸透圧が高くなり、なかなかグルタミン酸が水に溶け出さない。つまり、ミネラル分の多い水では昆布出汁をとりにくいのである。

そのため、関東では昆布ではなく鰹節を使って出汁をとるようになったというわけだ。鰹節のうま味成分はイノシン酸で、こちらはミネラル分の多い水でも問題なかった。

もう一つ、江戸時代の流通事情も関係しているといわれる。昆布の漁場は主に北海道。北海道でとれた昆布は、北前船に積み込まれ、天下の台所といわれた大坂へまず運ばれた。

そのため関西では昆布が入手しやすかったが、関東では昆布が北海道から大坂を経由して江戸へ運ばれてくるまで待たなければならず、流通量もそれほど多くなかったため、なかなか手に入らなかった。

関東では鰹節、関西では昆布がベースの出汁が好まれる背景には、地理的事情があったのである。

FOOD

なぜ「すき焼き」は鍋料理なのに関西では肉を焼いて食べるの？

2013（平成25）年に「和食：日本人の伝統的な食文化」がユネスコ無形文化遺産に登録されたこともあり、近年世界的な和食ブームが起きている。

特に、すき焼きは外国人にも好まれる日本料理の一つだ。それだけに、日本全国どこに行っても同じ料理が楽しめるはず、と思っている人も多いかもしれない。ところが、関東と関西ではつくり方も食材もかなり違っている。

関東で「すき焼き」といえば、肉や野菜を、調味料と水を合わせた「割り下」で煮る料理のことを指す。一般的な具は豆腐、ネギ、しらたき、牛肉というシンプルな内容で、最初に割り下を鍋に注いで煮立て、ネギと豆腐、しらたきを入れ、最後に牛肉を入れて食べる。

ところが、関西のすき焼きには、関東のすき焼きではなくてはならない割り下を使わない。関西ではまず、牛脂をひいた鍋に肉を入れ、砂糖、みりん、醤油、昆布出汁を少量注ぎ、牛肉を軽く炒《い》り焼きにして食べるのである。

肉を食べ終わったら、砂糖、昆布出汁、醤油を追加し、ネギや豆腐、しらたきだけでなく、シイタケや玉ねぎ、タケノコなどかなりバラエティに富んだ具材を、火が通りにくい順番に入れて煮ていく。そして、最後にもう一度肉を加えて、肉とほかの具材を一緒に楽しむ。

つまり、**関東のすき焼きは煮て食べるものなのだが、関西のすき焼きはまずはその名の通り焼いて食べ、その後に煮て食べる料理なのである。**

この違いは、日本の肉食の歴史とかかわりがある。

日本では仏教が伝来してから殺生が禁じられ、肉を食べることはタブーとされてきた。しかし、少数ながら鳥やシカなどの獣は食べられており、おおっぴらではなくても牛馬の肉を食べることもあった。

主に関西では、こうした肉を焼いた料理は、すべて「すき焼き」と呼んでいた。その由来については、野外で農具の鋤《すき》を利用して刃の上で焼いたから、杉の箱を使って焼いたのが訛《なま》ったから、薄いすき身にして焼いたからなど諸説ある。

明治時代になると肉を食べる習慣が西洋から持ち込まれ、1872（明治5）年には、明治天皇が牛肉料理を召し上がったという報道をきっかけに、肉食に対する忌避感は薄れていく。

この頃、東京と横浜では牛鍋が流行し、人々は文明開化の象徴とばかりに連れ立って牛鍋屋に出かけては、それまで口にしたことのない牛肉のおいしさに舌鼓を打った。これが現在の関東のすき焼きとほぼ同じ鍋料理である。

牛鍋を食べる流行は、すぐに関西をはじめとした地方にも広がった。そして**関西では肉を焼いて食べるすき焼きと牛鍋が合体し、現在の関西風のすき焼きが誕生した。**しばらくは、牛鍋とすき焼きの呼称が混同して使われていたようだ。

その後、牛鍋店が１９２３（大正12）年に起きた関東大震災で次々と閉店してしまい、関東の牛鍋は下火に。

一方、関西のすき焼き店が東京に進出。次第に関東の牛鍋もすき焼きと呼ばれるようになり、今では関東風も関西風も、どちらも「すき焼き」としてすっかり定着したのである。

FOOD

関東では背中から、関西では腹から捌かれる魚とは？

土用の丑の日といえば、夏の暑さに負けない精力をつけるためにうなぎを食べるのが日本の習慣になっている。

一説には、この習慣は、江戸時代に知人のうなぎ屋から「どうやったら夏にうなぎが売れるでしょうか」と相談された本草《ほんぞう》学者の平賀源内が、「今日は丑の日」と書いた張り紙を書いて宣伝しなさいとアドバイスしたことから始まったともいわれている。

この逸話が事実なら、それ以来、日本人は平賀源内のキャッチコピーにすっかり踊らされていることになる。

7月も半ばを過ぎると、街中には香ばしいタレの香りがただよい、丑の日当日にはうなぎ屋の前に行列ができ、スーパーにはうなぎの蒲焼がずらっと並べられる。

全国どこでも同じように思えるが、じつはうなぎの捌《さば》き方が関東と関西で異なるということをご存じだろうか。**関東のうなぎは背中から捌かれているのだが、関西のう**

なぎは腹から捌かれている。

同じうなぎなのに、関東と関西で捌き方が異なるのは、うなぎを開く調理が江戸時代に始まったことに理由がある。うなぎは江戸時代よりも前から食べられていたが、開かずにぶつ切りにして、串に刺して丸焼きにしていた。それが江戸時代になってからは開いて調理するようになった。

この際、武家社会だった関東では「切腹」を連想させることから腹開きは避けられ、背開きが一般的になった。また、背中から捌いたほうが姿形が整ううえ、うなぎの脂肪は背中に多いので落ちにくいという利点もあった。

一方、商人が集まる関西では、自腹を切ってもてなす、腹を割って打ち解けるという意味を込めて腹開きが一般的になった。背中から捌くより包丁が入れやすいという理由もあったようだ。

開いた後の調理の仕方も関東と関西では違いがある。関東ではあまり煮詰められていないサラッとしたタレが使われるため、脂がタレをはじいてしまわないように一度蒸して脂を落としてからタレに付けて蒲焼にしている。

一方の関西はとろみのあるタレを使うので、蒸さずにそのまま焼くのが特徴だ。

タレの付け方も、関東ではタレの中にうなぎをくぐらせるが、関西ではひしゃくでタレをすくってうなぎにかけるのが一般的である。

また、**関東では頭を切り落とすが、関西では頭をつけたまま焼くのがふつう。**これは、うなぎも魚だから尾頭付きが当たり前だという考え方からだという。

関東風と関西風のうなぎの調理法の分かれ目は、静岡県の浜名湖周辺にある。浜名湖周辺では関東風が多く、それより西では関西風が多くなるようだ。

これは、1510（永正7）年に大津波が起きて、浜名湖畔にあった宿場が水没して渡船区間となったため、東西の交流が妨げられたからだと考えられている。

FOOD

肉じゃが・カレーに入れるお肉といえば豚肉？ それとも牛肉？

肉じゃがといえば、日本の家庭料理の定番の一つ。肉とじゃがいも、玉ねぎなどを砂糖と醤油で味付けしたシンプルな煮物だが、おふくろの味としてこだわりがある人も多いだろう。この肉じゃがも、やはり関東と関西では大きな違いがある。**関東では豚肉、関西では牛肉が使われるのが常識。**

そもそも関東と関西では、肉の嗜好が異なるようだ。

総務省の家計調査（2016〜18年の平均）によると、1世帯当たりの牛肉の年間支出額トップ7はすべて関西の都市で、1位奈良市、2位和歌山市、3位京都市、4位大津市、5位堺市と大阪市、7位津市となっている。

一方、関東トップの東京都区部は21位。1位奈良市の金額が3万8247円なのに対し、東京都区部は2万4629円と、1万円を超える差がある。

また、豚肉の年間支出額トップ3は、1位さいたま市、2位横浜市、3位川崎市で、

6位に相模原市、9位に東京都区部がランクインしている。関西の都市はベスト10に入っておらず、11位にようやく奈良市が登場する。

データが示すように、関東では豚肉が、関西では牛肉が好まれるのだ。たしかに、松阪牛や神戸牛など、ブランドの牛肉は関西に多い。

この東西の嗜好の違いは、気候に関係していると解釈する人がいる。**東日本は西日本に比べて寒さが厳しいため、牛肉よりも脂肪分の多い豚肉を好むというのだ。**

また、農耕の歴史に原因を求める人もいる。農耕の際、東日本では牛を使わず、主に馬を使っていた。一方の西日本では古くから牛を農耕に使っていた。そこで関西で牛肉が好まれるのは、牛の利用が農耕用から食用へ広がったからではないかと考えられるというのである。

いずれにせよ、関東と関西では肉の嗜好が異なり、それが肉じゃがなどの料理に反映されているのだ。

ウシ派、ブタ派の違いがくっきり！

主要都市別
牛肉の購入金額ランキング
（21位まで）

順位	都市	金額
1位	奈良市	38,247円
2位	和歌山市	37,690円
3位	京都市	37,179円
4位	大津市	36,812円
5位	堺市	34,897円
5位	大阪市	34,897円
7位	津市	32,327円
10位	神戸市	30,022円
21位	東京都区部	24,629円

主要都市別
豚肉の購入金額ランキング
（20位まで）

順位	都市	金額
1位	さいたま市	34,484円
2位	横浜市	33,939円
3位	川崎市	33,699円
6位	相模原市	32,716円
9位	東京都区部	31,759円
11位	奈良市	31,057円
15位	千葉市	30,719円
19位	和歌山市	30,498円
20位	堺市	30,493円

※1世帯当たりの1年間の合計金額
※家計調査の1世帯当たり年間支出金額及び購入数量（二人以上の世帯）のデータから、2016～2018年平均の都道府県庁所在市及び政令指定都市のランキング

FOOD

年末年始のお祝いに食べる「年取り魚」はサケ？それともブリ？

年末年始は、新しい年を迎えるために、さまざまな縁起物を食べて1年の門出をお祝いする。そんな縁起物の一つに「年取り魚」がある。

このときに食べる魚の種類を聞けば、その人が関東と関西いずれの出身なのかわかるかもしれない。なぜなら、**関東ではサケ、関西ではブリが年取り魚とされているからだ。**

お正月だけでなく、年間を通じて関東ではサケ、関西ではブリが好まれる傾向があるらしい。総務省の家計調査では、サケの1年間の合計購入金額は、東京は4627円に対して、大阪は4089円、ブリでは東京が2915円に対して大阪は3717円と逆転する。

サケもブリもどちらも縁起魚とされているのだが、好みが東西で分かれているのである。

ブリは関西では「ツバス、ハマチ、メジロ、ブリ」、関東では「ワカシ、イナダ、ワラサ、ブリ」と、大きくなるにしたがって名前が変わる。武士は元服や出世で名前を変える文化があったことから、ブリはお祝いの席などで食べる出世魚として好まれるようになった。

ブリを獲る漁場は17世紀頃に日本海側を中心に拡大し、海運の発達で全国から食材が集まっていた上方《かみがた》では、17世紀末から18世紀初頭の元禄時代にはすでに正月にブリを食べる習慣が定着した。

特に京都では、「二十日正月」にブリを食べて、師の教えで徳を増すことを祝う「骨正月」という慣習があった。

このように、もともと出世魚として親しまれていたブリが年取り魚として定着したためか、同じく海運の発達によって蝦夷《えぞ》地から入ってくるようになったサケは上方ではあまり好まれなかった。

18世紀頃には、サケが上方から江戸に回送されるようになり、江戸では「栄える」に通じる縁起物として受け入れられた。塩鮭は長期保存でき、塩分をとれるという点も、江戸での人気を後押ししたようだ。関東では幕末頃からサケを正月に食べる習慣が根付いたという。

こうしていつしか関西ではブリ、関東ではサケを重用する文化が定着し、今でも受け継がれているのである。

FOOD

関東の「長命寺」と関西の「道明寺」、どちらが元祖桜餅？

お花見にぴったりの和菓子といえば桜餅だろうか。塩辛い桜の葉の独特な香りが何とも風流で、甘いあんと見事にマッチする。そんな桜餅の餅の形が、関東と関西ではまったく違うのだから、不思議である。

関東の桜餅は小麦粉の生地を薄く伸ばして焼き、こしあんを包んだクレープ状のもの。一方、関西の桜餅は粗くひいた道明寺粉を使ってつくった生地で、小豆あんを包んだものである。

この2つのタイプの桜餅は、関東のものが「長命寺」、関西のものが「道明寺」と呼ばれている。

ネーミングが異なるのも発祥がそれぞれの寺と関係しているからだ。

元祖は関東の長命寺。長命寺は東京の隅田川の堤、通称墨堤《ぼくてい》にあるお寺である。ここで江戸時代に門番をしていた新六という男が、桜の葉で包むというアイデアを考え出したと伝わる。

当時、隅田川の周辺にはすでに桜並木が植えられており、桜の名所として知られていた。

しかし、桜はきれいでも、秋になると葉っぱがたくさん落ちてくる。掃いても掃いても片付かない大量の落ち葉に悩まされていた新六は、**あるとき葉っぱを塩漬けして餅を包めば桜の香りと一緒に楽しめるのではないかとひらめいた。**

そして餅を桜の葉で包んで長命寺の門前で売り出したところ、たちまち大人気となり、花見客で賑わう墨堤の名物となった。

これを機に、新六は桜餅の「山本や」を創業。現在もその伝統が受け継がれ、墨堤では「山本や」の元祖桜餅が売られている。

つまり、桜の葉で包むというアイデアは関東で生まれ、関西の道明寺はそれを後追いしたことになる。

ただ、桜餅としての道明寺の歴史は浅くても、原料として使う道明寺粉の歴史はかなり古い。

道明寺粉は今から1000年以上も前に、大阪・藤井寺市にある道明寺で発案され

た。道明寺粉とは、餅米を蒸して乾燥させ、粗くひいた保存食で、当初は戦国武将などが戦場などに持参する携帯食としても活用されていた。
それがのちにお菓子づくりに使われるようになったわけだ。
このように桜餅といっても、関東と関西ではまったくの別物。どちらも桜の葉の香りを楽しみながら味わえる菓子であることは同じだが、それぞれ異なる歴史をもっているのである。

FOOD

「うどん・そば」と「そば・うどん」、東西で順番が違うワケ

駅のホームには、移動の合間に手早く食べられる、立ち食いのそばとうどんの店があるところも多い。忙しく働くビジネスマンにはおなじみのファストフードである。その看板や暖簾《のれん》を見てなにか気づくことはないだろうか。

関東では「そば・うどん」とそばが先に記されているのに対し、関西では「うどん・そば」と逆の並びで書かれている場合が多い。

これは、関東ではそば、関西ではうどんのほうが好まれる傾向があるため。よく売れる人気商品が目立つように先に書かれているのだ。

この好みの違いは食文化の違いに起因している。

そもそも江戸時代前半、麺というと関東、関西ともにうどんが主流だった。特に関西では、原料である小麦粉が豊富だったため、うどんはよく食べられた。さらに、北前船の発達によって、出汁に必要な昆布が調達しやすく、薄味の好きな関西人の好み

に合う出汁が出来上がり、うどん文化が深まったとされる。

一方、江戸時代前期に山梨県の大和村（現甲州市）、もしくは長野県の塩尻市で誕生したとされる麺状のそばは、それから数十年後に江戸に伝わり、発展していった。

そばが関西ではなく関東で発達したのは、そばの産地が近かったからだけではなく、農業生産性が低い土壌の関東では、悪条件でも育つ安価なそばが好まれたからだ。

さらに、濃口醤油が登場し、江戸っ子が好きな濃い味の醤油で食べられるようになったことが後押しとなり、そばは関東の庶民の定番食として定着した。

このように関東のそば好き、関西のうどん好きは、それぞれの風土から生まれた食文化であり、それが今も受け継がれているのである。

まさか、看板や暖簾にまでも、東西の食文化の違いが映し出されていたとは、驚きである。

FOOD

江戸名物「佃煮」をつくり出したのは意外にも大阪人だった！

「東京名物」といわれるものは数々あるが、江戸時代から続く伝統的な名物といえば、まず佃煮が挙げられるだろう。江戸名物の佃煮は、隅田川に浮かぶ佃島でつくり始められた。

ただし、佃煮を生み出したのは江戸っ子ではない。**佃煮をつくった佃島の漁師たちは、現在の大阪市西淀川区に位置する摂津国佃村出身だった。**いや、そもそも佃島自体すら、彼らが整備し、つくり上げたものなのである。

佃村の漁師がわざわざ江戸にやってきたのは、徳川家康が呼びよせたからである。その理由は、一説には佃村の漁師が関東にない四手網《よつであみ》という道具を使い、高い漁獲量を誇っていたためだといわれている。

また、関西に遠征をした家康が川渡りで困っているところを彼らに助けられたので、その恩返しとして取り立てたともいわれている。

江戸にやってきたのは、佃村の明主だった孫右衛門をはじめとする三十数名の漁師たち。家康から東京湾に面した干潟のような場所を拝領した佃村の漁師らは、その地を埋め立てて小さな島をつくり上げ、故郷の村にちなんで佃島と命名した。

優れた漁の手腕を持っていた佃島の漁師たちは、大きくて生きのいい魚を将軍家や諸大名の屋敷に納め、余った分は魚市場で売って生活を営んだ。そして、**売れ残りの魚や、小さくて売り物にならない魚・貝類は、醤油やみりんで煮て自家用として食べていた。これが佃煮である。**

ある日、魚を天秤棒でかついで売買していた棒手振《ぼてふり》の青柳才助という男が、佃煮に目をとめた。彼は「保存のきく佃煮は、地方に持ち帰る土産として売れるのではないか」と考えつき、大々的に売り出した。

その予想は大当たりし、地方から出てきた人々がお土産にと持ち帰ったため、佃煮は江戸の名物として全国に広まることになった。

江戸グルメの発展には、江戸っ子はもちろん大坂人も一役買っていたわけである。

FOOD

食文化の違いがそれぞれ形の違う包丁を生み出した！

最近では外食やコンビニの弁当、スーパーの総菜があるから家で料理はつくらないという人が増えている。ただ、それでもキッチンに包丁くらいは置いてあるだろう。包丁は、どの家庭にもあるおなじみの調理器具なだけに、当然のように日本全国で同じものが使われているだろうと思いきや、意外にも関東と関西では形が違う。

例えば、野菜の調理に使われる薄刃は、関東では先が四角、関西では片方の角が丸みを帯びた円弧になっており、逆の角が鋭い切っ先になっている。

同じく野菜を切る菜切り包丁は、関東ではあご（刃元）や刃道が丸みを帯びており、関西ではあごが角張りで刃道は直線である。

このように、**同じ名前の包丁でも、形は東西で微妙に異なっている。その理由は東西の食文化の違いにある。**

関西型の薄切り包丁は、刻む、剝《む》くといった基本的な調理に加え、切っ先で飾り切りができる。京都では野菜を多く使った繊細な京料理がつくられていたため、細かい細工にも使えるこの形が好まれた。

一方、関東では、繊細な細工に適した「むき包丁」という関東独特の包丁が使われる。

フグ刺しをつくるときに使うフグ引き包丁にも違いが見られる。関東では「蛸《たこ》引」と呼ばれ、刃が四角く薄いのが特徴。

関東ではフグ刺しは透けるほど薄い身が粋《いき》とされたため、切れ味が鋭く、薄く切れる刀身の薄い包丁になった。

これに対し、関西のフグ引き包丁は、先が日本刀のように鋭くとがり、刃が厚めである。これは**関西、特に食い倒れの街・大阪では、フグ刺しを薄く切るのは「せこい」と考えられたからとされる。**高級でおいしいフグだからこそ豪快に食べようと、厚く切った身が好まれたため、幅広で刀身も厚めの包丁がつくられた。

このように東西で異なる食文化が、形の違う包丁を生み出したのである。

FOOD

「関西人は納豆を食べない」というのは昔の話？

外国人が苦手な日本食として、納豆はその代表格だろう。ねばねばとした糸と独特の臭いが受け付けないらしい。

じつは、日本人にも同じ理由で納豆を嫌っている人が少なくない。特に関西人は納豆を食べないというのが定説。

関西人の納豆嫌いの背景には、関東と関西の納豆文化の有無がありそうだ。関東では、早くから納豆売りが街中を練り歩く光景が見られた。つまり、専門業者が納豆をつくっていた。

一方、関西では、納豆は専門の業者ではなく、農村部などの自宅でつくるものだった。そもそも関西の都市部では納豆づくりの習慣はあまりなく、納豆になじみがなかった。そのうち農村部でも納豆をつくる習慣が廃れていき、結果、納豆が食卓に上ることはほとんどなくなったというわけだ。

納豆は今も昔も東高西低

主要都市別　納豆の購入金額ランキング

順位	都市	金額
3位	水戸市	5,809円
4位	前橋市	5,624円
7位	宇都宮市	5,250円
11位	さいたま市	4,876円
12位	千葉市	4,702円
13位	相模原市	4,575円
17位	川崎市	4,353円
21位	横浜市	4,169円
22位	東京都区部	4,114円
31位	津市	3,780円
32位	大津市	3,716円
36位	奈良市	3,443円
39位	京都市	3,307円
44位	堺市	3,012円
46位	神戸市	2,844円
47位	大阪市	2,777円
52位	和歌山市	2,165円

※1世帯当たりの1年間の合計金額
※家計調査の1世帯当たり年間支出金額及び購入数量（二人以上の世帯）のデータから、2016〜2018年平均の都道府県庁所在市及び政令指定都市のランキング
＜資料：総務省統計局「家計調査（二人以上の世帯）」＞

たしかに、1985（昭和60）年の総務庁（現総務省）の家計調査では、大阪市の1世帯当たりの年間納豆購入金額は672円という低さだった。水戸納豆で有名な茨城県水戸市の購入金額4606円と比べると、関西の納豆嫌いがよくわかる。

ところが、関西人は納豆が嫌いという常識は、崩れつつある。

2017（平成29）年の家計調査では、大阪市の1世帯当たりの年間納豆購入金額は2757円で、1985年の約4・1倍にもなっている。特に、2011（平成23）年から2017年までの数年での伸び率が高い。

家計調査の2016（平成28）年から2018（平成30）年の購入金額では、都道府県庁所在地および政令指令都市全52市の中で、大阪市は47位で、まだまだ納豆への支出が多いとはいえない。けれど、昔に比べたら、関西でも納豆の消費が増えてきているのは事実だ。

その背景には、健康ブームがある。納豆は高たんぱく低カロリーのヘルシーフードで、「好きというわけではないけれど、健康を考えて食べるようにしている」という人も多い。低価格であることも、節約志向が高い関西人が納豆を受け入れる理由になっているのかもしれない。

他地域に比べて消費量が少ないというのは、まだ伸びしろがあるともいえる。今後も購入額が増え続けていけば、そのうち、「関西人は納豆が嫌い」という定説は崩れても不思議ではない。

2章

住んでびっくり！東と西の「生活スタイル」

LIFE STYLE

同じ「1畳」でも、東京と大阪では大きさが違っている？

最近では和室がない家も多くなってきているが、不動産広告を見ると、部屋の広さはたいてい「畳」で表されており、それでだいたいの広さをイメージできる。だが**じつは、一般的な畳のサイズは関東と関西で異なっている。**

日本の伝統文化の一つともいえる畳は、時代とともにさまざまなサイズに変化してきたのである。

最も古い規格が、安土桃山時代から関西で使われている「京間」だ。京間のサイズは、縦191センチ×横95・5センチ、厚みは5センチ強。もちろん当時の日本ではメートル法を採用していたわけではないから、縦は6尺3寸、横は縦の半分と定めていた。

このサイズがどうして生まれたかというと、平安京の頃に町を正方形に区分して、その1区画を6等分し、柱の太さで分（4寸）を引いたサイズであるという。

その後、江戸時代に登場したのが、現在関東で主流となっている「江戸間」である。江戸が大都市となり人口が急増すると、住居の建設が急務となった。そこで、できるだけ手間を省いて効率よく建てられるようにと、柱から柱までを6尺として、これを1間とした。

そして1間へ敷く畳の縦のサイズは、柱と柱までの6尺から2本の柱の部分（2寸）を引いた5尺8寸とし、横は縦の半分とした。

こうしてできたのが縦176センチ×横87・8センチの江戸間である。**京間と比べると、江戸間は縦の長さで15センチ、横で約8センチも短い。** 面積にすると、関東の6畳は関西では5畳ほどになる。

さらに、現代になって団地が多く建設されると、江戸間よりもさらにサイズの小さい縦171センチ×横85センチの団地間という規格が誕生した。そのほか、いつ頃の成立かは定かでないが、名古屋周辺で縦182センチ×横91センチの「中京間」という規格も誕生している。

さて、ここで疑問が生じる。同じ「畳」という単位でも、採用する規格によってサイズが変わるのであれば、部屋選びの際に困ってしまうのではないだろうか。

じつは、こうした心配をする人のためにきちんとルールが設けられている。

不動産広告のルールでは、「1畳」と表記するときは「1・62平方メートル以上」で換算するように定められている。 京間なら1畳で1・82平方メートル、江戸間なら1畳で1・54平方メートルとなるから、ちょうど両者の中間くらいのサイズだ。

関西人ならいつも見慣れている畳より小さめに、関東人なら大きめに見積もっておくと、実際に部屋を見たときのギャップが少なくてすむことになる。

LIFE STYLE

湯船があるのは銭湯の正面奥？ それとも真ん中？

今でこそ、一軒家にはもちろん、アパートの一室であっても浴室が設置されている。しかし、昭和になって家風呂が普及するまでは、風呂といえば銭湯に行って入るものだった。

生活に欠かすことのできない場所だったからこそ、やはり銭湯にも関東と関西の違いがある。

関東の銭湯では、湯船が浴室の一番奥に置かれているのに対して、関西の銭湯では湯船は真ん中に置かれていることが多い。

最近では、関西でも湯船の位置を一番奥にする銭湯も多くなってきているそうだが、古い関西の銭湯では、湯船は真ん中にある。

この湯船の配置の違いは、入浴文化の違いから生まれたといわれている。

関東で銭湯が広く普及したのは江戸時代のこと。大都市として栄えた江戸には、全国から仕事を求めて多くの職人が集まっていた。

彼らは一日の仕事の終わりに銭湯へ行き、まずは日中の汗や泥で汚れた体を洗い、その後に湯船につかって疲れを癒《いや》した。湯船のお湯をきれいに保つために、この入浴方法が推奨された。

つまり、湯船につかるのは入浴の最後の行程だったため、湯船は一番奥に設置されたというわけだ。

一方、関西にはもともと湯船に入る文化はなく、蒸し風呂方式が一般的だった。蒸し風呂の中で汗を出して垢《あか》を浮き上がらせたら、そのまま体を洗い、最後は上がり湯で流して浴室を出るスタイル。体に染みついたその習慣は、湯船が取り入れられてからも変わることがなかった。

関西人も銭湯に入るときにはサッと体に水をかけるが、関東のように丹念に洗うほどではない。まずは湯船に入って体を温め、垢を浮かせてから湯船の外に出て体を洗うのが一般的なスタイルだった。

そのとき、今ならカランやシャワーの前に移動するだろうが、かつて関西では湯船からお湯を汲み出して体を洗っていた。そのため、湯船は奥よりも中央にあったほう

が便利だった。
その名残から、関西の銭湯の湯船は、周りが少し高くなっているところが多い。これは、湯船から汲み出す桶を置くための台として、また休憩するための腰掛けとして使われる。
また、古い銭湯では出入り口にも蒸し風呂方式の名残が見られる。その名残とは、きれいな水が溜められた、小さな湯船のようなもの。これは、浴室を出る前に体を流す上がり湯用に設置されているものだ。

LIFE STYLE

関西には東京スカイツリーよりも高い電波塔がある!?

日本一高いタワーといえば、2012（平成24）年に開業した高さ634メートルの高さを誇る東京スカイツリーだ。開業前の2011（平成23）年には、世界一高いタワーとしてギネスブックにも登録されたことは記憶に新しい。

一方で関西には、これに匹敵するような高さを持つタワーが見当たらない。あべのハルカスといった300メートル級の日本一の高層ビルはそびえているにもかかわらず、タワーに限っていうと、通天閣は高さ103メートル、京都タワーは131メートルと軒並み100メートル台である。

なぜ、関西では高いタワーがないのか。

東京スカイツリーが設けられたのは、乱立する高層ビルの影響を避け、モバイル端末の電波を安定的にするために、東京タワーより高い電波塔が必要になったからだ。ならば同じく高層ビルが立ち並ぶ関西にも高い電波塔が必要に思えてくる。

ところが関西では高い電波塔としての機能を持つタワーは不要なのだ。平地が広がる東京とは違い、**山が多い関西では山上に電波塔を設ければ、標高と合わせて十分高さを確保できる。**そもそも、通天閣や京都タワーは、観光用のタワーであって放送用の電波塔ではない。

例えば、関西の中心にある生駒山は標高642メートル。この山上には電波塔が林立している。一番高い読売テレビ放送の電波塔自体の高さは100メートルもないのだが、山の高さを合わせると723メートルになる。**単純に高さだけでいうと、東京スカイツリーを上回る。まさに日本一高い場所にある電波塔なのである。**

わざわざ地上に高いタワーを築く必要がないわけだ。大阪の中心部は伊丹空港（大阪国際空港）により建築物の高さ制限があることに加え、京都も美観の問題から高い塔は築きにくいという事情もある。

今後も、関西に東京スカイツリーに並ぶような高さのタワーがつくられる可能性は極めて低いだろう。

LIFE STYLE

節約上手な関西人はトイレットペーパーもケチるって本当？

文化や気質の違いから、関東と関西では売れる商品にも違いがあるといわれる。トイレットペーパーも例外ではない。Jタウン研究所が2017（平成29）年に行ったトイレットペーパーに関する都道府県別アンケート調査によって、**関東ではダブル派、関西ではシングル派が主流という結果が出ている。**

ダブル派が8割を超えた県は、関東では、茨城県（81・8パーセント）、栃木県（85・7パーセント）で、特に栃木県はダブル派率が全国第1位だった。8割とはいかなくても、ダブル派が過半数となったのは、関東では埼玉県（61・1パーセント）、東京都（57・4パーセント）である。東京のダブル派率が比較的低かったのは、東京には全国から人が集まるためではないかと考えられる。関西ではダブル派率が過半数となった府県はなかった。

対して、シングル派率で見ると、一気に関西の府県が高くなる。奈良県はシングル

あなたはシングル派？ ダブル派？

トイレットペーパーの東西比較

シングル派	ダブル派
大阪府	東京都
兵庫県	栃木県
奈良県	埼玉県
京都府	茨城県
滋賀県	群馬県
神奈川県	和歌山県
千葉県	三重県

＜資料：2017年Jタウン研究所アンケート調査＞

派率が85・7パーセントと圧倒的。そのほか、京都府（57・1パーセント）、兵庫県（55パーセント）、大阪府（50・2パーセント）もシングル派が過半数となった。全国平均で見ると、ダブル派が55・1パーセントで、全体的にダブル派支持が多い。

にもかかわらず、関西ではシングルのトイレットペーパーが支持されているのである。

このような違いが生まれたのは、東西で使われる紙の質が違ったからという説がある。歴史的に見ると、ロールタイプのトイレットペーパーが普及するまで、トイレの落とし紙として関東では静岡県産のチリ紙、関西では四国産の京花紙が普及していた。

その後、ロールタイプのトイレットペーパーの導入に際して、静岡では最新技術を使ったふんわりやわらかい紙質のダブルタイプがつくられた。

一方、四国では伝統的な和紙の特徴をそのまま生かした丈夫な紙質のシングルタイプがつくられた。それがそのまま関東と関西の主流になったというわけだ。

また、関西人の節約志向の賜《たまもの》という説もある。通常のシングルとダブルの長さを比べると、シングルは60メートル、ダブルは30メートルとシングルの半分しかない。そのため、シングルのほうが長持ちするから、節約になるというわけだ。いかにも商人の町・大阪を中心とする関西らしい理由である。

LIFE STYLE

関東と関西で電気の周波数が違っているのはなぜ？

関東と関西ではいろいろと違うことが多いが、引越しの際にまっさきに問題になるのが電気の周波数の違いである。ご存じの通り、**関東の電気の周波数は50ヘルツなのに対して、関西では60ヘルツ。新潟県の糸魚川と静岡県の富士川を結ぶラインで周波数が真っ二つに分かれている。**

最近では、50ヘルツでも60ヘルツでも使える電気製品も多いが、なかには、どちらかにしか対応しない製品もある。特に、洗濯機や電子レンジは、一方にしか対応しないものが多い。もし対応していない周波数の電気製品を使うと、製品が壊れたり、火事の原因となってしまったりすることもある。そのため、引越しの際には必ず周波数の確認が必要になる。

それにしても、同じ国内で電気の周波数が異なる例は、世界中を見渡しても、日本以外にはほとんどないという。なぜ、こんな面倒なことになったのか。

その原因を説明するには、日本に電気が導入された明治時代まで遡らなくてはならない。

日本で初めて発電機を導入したのは東京電燈（現東京電力）で、1896（明治29）年のことだった。これにより、東京の街に電灯が灯ったのである。このとき、東京電燈が採用したのは、ドイツ製の発電機だった。

その翌年、大阪電燈（現関西電力）も発電機の導入を行い、大阪の街にも電灯が灯った。このとき、大阪電燈が採用したのは、ドイツ製ではなくアメリカ製の発電機だった。

もうおわかりだろう。**東京電燈が採用したドイツ製の発電機は50ヘルツのもので、大阪電燈が採用したアメリカ製の発電機は60ヘルツのものだったわけだ。**その後、関東では50ヘルツ、関西では60ヘルツで電気が送電され続けてきたのである。

大阪電燈がなぜわざわざ東京電燈とは違う周波数の発電機を導入したのかは定かではない。電気というものに慣れていなかった当時、発電機が正常に作動し、きちんと送電できさえすれば問題ないと考えられたのかもしれない。今日のように一般家庭にまで家電が普及していなかったため、東西の電気の周波数の違いを気にすることなどなかったのだ。

その後、家電製品が次々に開発されて家庭に普及し、東西での人の移動が活発になってくると、周波数の違いがあるとひどく不便であることがわかってきた。

そこで、過去にはどちらかに統一しようという提案も出たが、どちらかに統一すると、不採用になった地域の人々は多くの家電を買い替えなくてはならなくなる。その影響があまりにも大きすぎるため、現在も統一できずにいるというわけだ。

LIFE STYLE

江戸時代からあった関東メイクと関西メイクの違い

いつの時代も女性が美しくありたいと願う気持ちは変わらない。その気持ちが顕著に表れているのがメイクだろう。

しかし、美しくなりたいという気持ちは同じでも、なぜかメイクの仕方は関東と関西で違う。関東と関西で女性のメイクを比べてみると、**関東ではナチュラルメイクが主流で、関西ではちょっと濃いめのメイクが好まれる傾向がある。**

そのため、当然ながらメイクの重要ポイントが違っている。

関東の女性はナチュラルな美しさを求めるので、肌の透明感を重視する。結果として、パールホワイト系のアイシャドウやリップグロスを使った薄めのメイクが好まれている。

対する関西の女性は、とにかく目をくっきり大きく見せることを重視していて、アイメイクにこだわりをみせる。そこで、黒いリキッド・アイライナーで目元をくっきりと際立たせ、それに負けないように鮮やかな色の口紅を使った派手めのメイクが好まれる。

それにしても、東と西でこれほど女性の美に対する意識が違うことに驚いてしまう。はっきりとした理由はわからないが、じつはこの傾向は今に始まったものではなく、なんと江戸時代からすでにあったという。

江戸時代、**江戸の女性は地肌を磨いて素顔の美しさを保つのが粋だと考えていた。**そのため、厚化粧を嫌いおしろいを付けても、すぐに濡れた手ぬぐいで軽くふき取っていたという。

上方の女性は江戸とは逆に、素肌など見せてなるものかといわんばかりにバッチリと厚化粧をしていた。彼女たちが化粧の仕方を発達させたため、化粧は大阪で始まったともいわれている。

こうなると、濃いメイクをする大阪の女性は東京の女性より化粧品代が高くつきそうに思えるが、逆に費用は東京のほうが高いという結果が総務省の家計調査で出ている。２０１２（平成24）～２０１４（平成26）年の化粧品代の都道府県別１世帯当たりの消費量ランキングによると、東京都は３万５３４６円で全国７位だったのに対し、

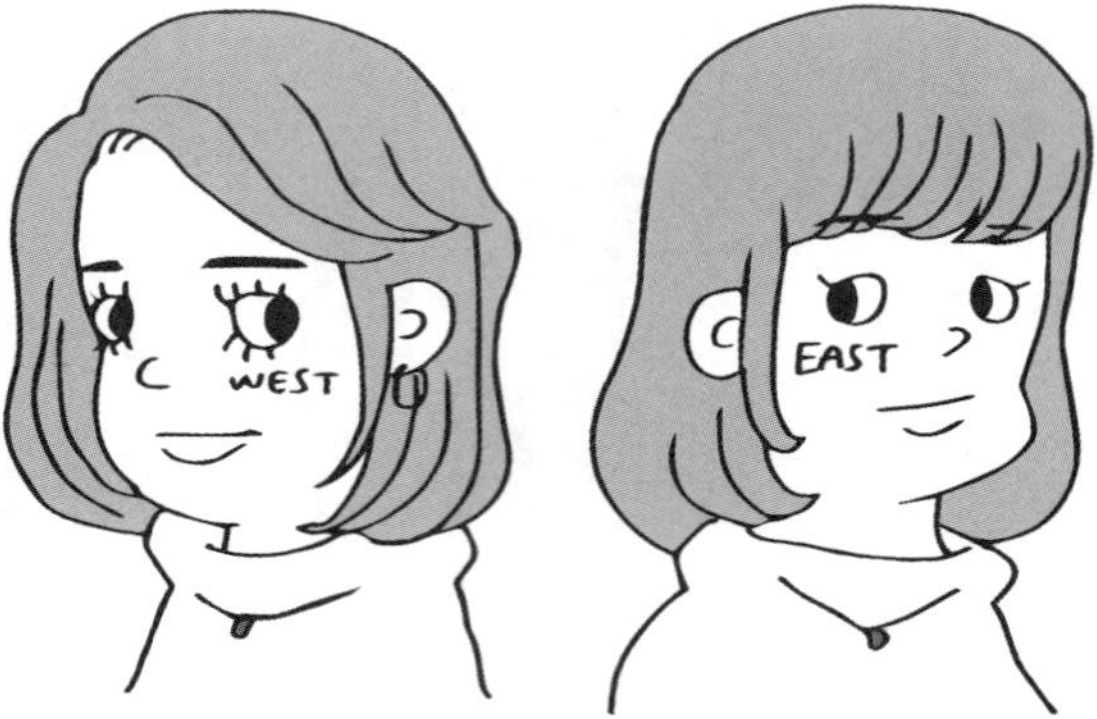

大阪府は3万3585円で全国11位。

関東の女性は一見薄化粧のようでいて、実際には化粧品をしっかり使ってナチュラルに見せるメイクをしているのかもしれない。

また、化粧品を購入する際、東京の女性はコストをかけて質にこだわり、大阪の女性はコストパフォーマンスを重視しているともいえそうだ。

LIFE STYLE

灯油タンクの色はなぜ関東では赤、関西では青なのか？

寒い冬になると、灯油の巡回販売車やガソリンスタンドで灯油を買う機会が多くなり、夏の間は仕舞い込まれていた灯油のポリタンクの出番となる。その灯油のポリタンクだが、あなたの家のものは何色だろうか。

「えっ、灯油のタンクは赤じゃないの？」

そう思った人は、関東の人に違いない。関西の人ならば、「灯油のタンクといえば青」と答える人が多いはずだ。そう、**関東では赤、関西では青い灯油のタンクが主流なのである。**

実際、ウェザーニュースが2017（平成29）年11月に「あなたの街の灯油用ポリタンクの色は？」というアンケートを1万92人に行ったところ、関東や甲信越、東北の各地域では赤と答えた人が90パーセント以上だったのに、中部から西の地域では40〜60パーセントの人が青と答えたのである。

そもそも、灯油のタンクに色の決まりはない。

ポリタンクは、以前は飲料水用も灯油用もすべて白だったのだが、紫外線による灯油の変質を避けるためと、灯油が危険物であることがひと目でわかるようにという理由から、ＪＩＳ（日本工業規格）によって灯油用は色付けしなければならないと定められたのである。色付けさえされていれば、何色でもよかったのだ。

このとき、関東では赤が、関西では青が選ばれたのである。

関東で赤が採用された理由は、「危険物＝赤」という発想から。関西で青が採用されたのは、当時は赤の顔料のコストが高く、青の顔料のほうが安かったからだという。

コスト面を重視する関西人の気質が、灯油のポリタンクの色にまで反映されていたというわけである。

LIFE STYLE

消防署に掲げられている消防章、東西で形が違っている!?

全国の消防署には「消防章」が掲げられている。消防署員の制帽の徽章や消防車などにも用いられているシンボルマークだ。

この消防章は、雪の結晶が基礎となっていて、真ん中の円は日章を示し、周囲には水管、管そう、放出する水柱が配されたデザインになっている。雪の結晶は水、団結、純潔を意味していて、日章には市民の太陽でありたいという願いが込められている。そして水管や管そう、水柱は消防の任務を表している。

この消防章こそが、消防署であること、消防署員であることを示す証であるから、当然、全国どこの消防署にも同じ紋章が掲げられていると思うだろう。

ところが、東京と大阪の紋章を比べてみると、微妙に形が違っている。**東京の消防章のほうが中央の円が小さく、周囲の模様も線が細い。**

じつは、消防章の違いは東京と大阪だけでなく、日本列島の東西で大きく2つのタイプに分かれている。北海道から長野、新潟、静岡あたりまでが「関東型」、富山や愛知、岐阜以西では「関西型」が使われている。

なぜ東西で消防章が違うのか。消防章を製造している福井県の「株式会社廣部硬器」によると、もともと関西型だけを製造していたのだが、のちになって東京消防庁に正式な消防章の図面があることを知ったという。そこで、**販路を拡大しようと図面通りの紋章をつくるようになり、これが東京消防庁の指定採用品となったために関東型として定着したというわけだ。**

明治時代には、消防は警察機構の一つだったが、1948（昭和23）年3月7日に分離して自治体消防制度が発足した。その後、1949（昭和24）年4月1日に東京で「東京消防庁消防官吏服制」が施行され、このとき消防章が初めて使われるようになった。しかし、正規の規格や制定理由などは示されていなかったので、東京消防庁にある正式な図面とは異なった関西版の紋章が誕生したのである。

どちらの紋章を採用するかは消防署の判断にゆだねられており、静岡県の場合は関東型と関西型のどちらの型も使われているという。シンボルマークにも関東と関西の違いがあったとは、驚きである。

LIFE STYLE

関西人はゴミをリサイクルに出すのももったいない？

最近ではゴミの分別は当たり前のマナーで、ペットボトルや新聞紙などのリサイクル率も高まっている。「環境にやさしい生活をしよう！」という呼びかけの成果が出たのだろう。では、関東と関西ではどちらの地域がリサイクルに対する意識が高いのだろうか。

環境省の「一般廃棄物処理実態調査」（2015（平成27）年度）によると、人口の多い東京都はゴミの排出量が全国都道府県で少ないほうから数えて33位。つまりゴミの排出量は多いが、リサイクル率は14位とまずまずだ。

一方、関西では、京都府はゴミの排出量が全国で一番少なく、大阪府も4番目に少ない。ところが、リサイクル率は京都府39位、大阪府に至っては46位と極端に悪い。

これだけ見れば、関西では関東に比べてリサイクルの意識が低く、使い捨てが多いのではと思うかもしれないが、それは早合点かもしれない。

関西人はゴミとしてリサイクルに出してしまうのさえ、もったいないと考えるらしい。ゴミに出すくらいなら自ら売ってリサイクルしてしまうのである。大阪のリサイクル情報誌には、本やお茶わん、湯飲みなど、ありとあらゆる日用品が掲載されている。関東の人は使い途がないと捨ててしまうような物でさえ、大阪では売り買いされて使い続けられるのだ。

手間暇かけて自らリサイクルするのかというと、ゴミとして出せばなんのお金にもならないが、売れば多少なりともお金が入るからにほかならない。

今ではＷＥＢサイトやスマホアプリを利用すれば、個人間の物の売買や交換も便利になったが、大阪ではネットのない時代から情報誌を使って不用品を売買してきた歴史がある。

不要品を売り買いする文化の下地は、40年以上前にできていたといえる。

日本で初めてフリーマーケットが催されたのはそもそも大阪だ。１９７５（昭和50）年から翌年にかけて開催された「アメリカ建国２００年祭」キャンペーンの中で、当時アメリカで流行していたフリーマーケットが紹介された。

これをきっかけに、日本でも１９７９年に初めて大阪市西成区のフロンティアラン

リサイクルに熱心な地域はどこ？

都道府県別　ゴミのリサイクル率ランキング

順位	都道府県	割合
3位	三重県	28.5％
5位	神奈川県	25.2％
6位	埼玉県	24.7％
11位	茨城県	22.8％
13位	千葉県	22.7％
14位	東京都	22.4％
19位	滋賀県	20.8％
29位	栃木県・兵庫県	16.6％
39位	京都府	15.6％
40位	奈良県	15.5％
41位	群馬県	15.4％
46位	大阪府	13.8％
47位	和歌山県	13.6％

＜資料：2015年環境省「一般廃棄物処理実態調査」＞

ドで「第1回フリーマーケット」が開かれた。

市民が不要になった物を持ち寄って売り買いするスタイルは、商人の町・大阪の人々の気性に合っていたようだ。フリーマーケットはたちまち大阪を中心に広まり、その賑わいを見て全国にも広まっていったのである。

つまり、関西のほうがゴミのリサイクル率が悪いという結果は、そもそもゴミと見なされる物が少ないからと考えられなくもない。

3章

知れば納得！
関東・関西の「言葉づかい」

PHRASE

「シャベル」と「スコップ」大きいのはどっち？

関東と関西の違いといえば、言葉の違いも見逃せない。方言やイントネーション、語句などさまざまな差がある。なかには、同じ言葉を使っていても、示しているものが違っているケースもある。

例えば、園芸や土木などに使うシャベル（ショベル）とスコップだ。

関西では、片手で、園芸などに使う小型のものをスコップ、両手で、土を掘る土木作業に使う大型のものをシャベルと呼ぶだろう。それに対して関東では、小型のものをシャベル、大型のものをスコップと呼ぶ傾向がある。このように、関東と関西では逆のものを指す場合がある。

この呼称の逆転については、辞書でも見解が分かれている。小型のものをスコップ、大型のものをシャベルと関西方式を支持している辞書がある一方で、スコップは大型で、シャベルは小型のものを指すと関東方式を支持し、関西方式は方言として付け加

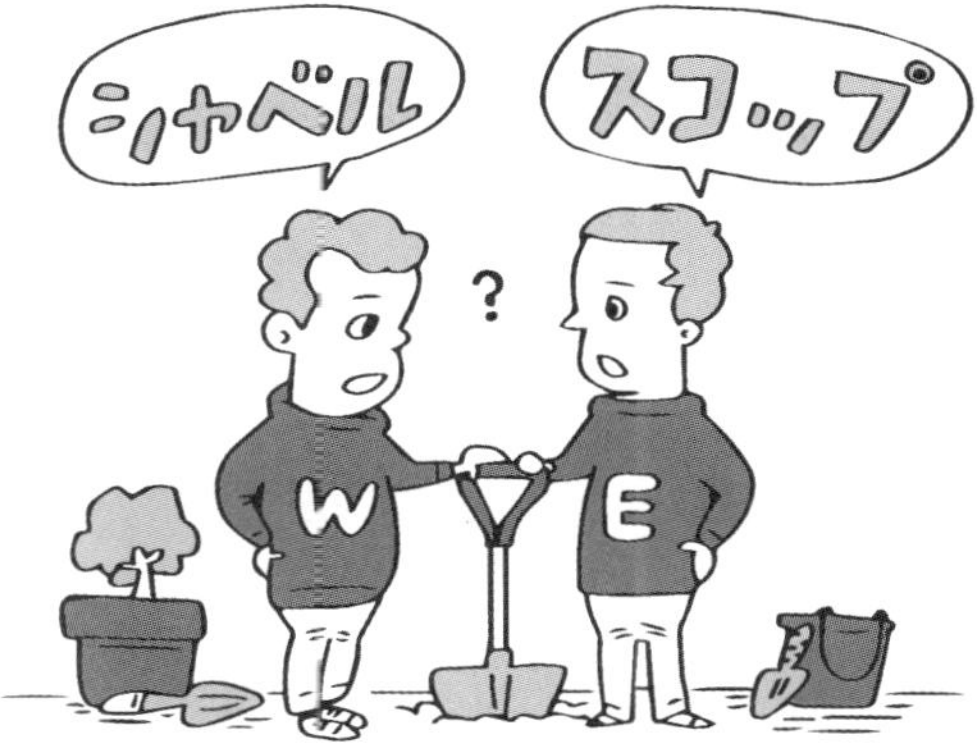

えているものもある。

ではなぜ、こうした呼称の逆転が生じたのだろうか。

一説では、雪かきとの関係を指摘する見解がある。東日本では雪かきをする地域が多い。雪をすくう際に必要なのは大きなスコップ。そこからスコップ＝大きいものとなったのではないかというのだ。

たしかに、そうなった可能性も否めない。しかし、小さいものがシャベルとなった理由がわからず、十分な説明にならない。

結局のところ、スコップとシャベルの呼称が関東と関西で逆転する謎は、いまだ秘密のベールに包まれているのである。

PHRASE

大学の学年を「○年生」と数えたら関東人、「○回生」と数えたら関西人

学校では1年生、2年生、3年生、4年生……と学年を数える。大学も通常は1年生、2年生、3年生、4年生と数えるのがふつうだろう。ところが、1回生、2回生、3回生、4回生という呼び方もあり、なぜか関西で多く使われている。

Jタウンネットのアンケート結果によると、全国では約6割の地域で大学生を1年生、2年生、3年生、4年生と数える。この呼称はほぼ全国に広がっており、特に関東各県は9割以上がこの数え方だ。しかし、**京都では9割近く、大阪、奈良、兵庫の3県も8割以上が1回生、2回生、3回生、4回生という呼び方を使っている。**

つまり、関西では何回生という呼び方が一般的なのだ。関西で「きみは今年の1年生？」などと言おうものなら、気取っていると非難されかねない。

関西で主流の何回生という呼称の発祥地は、1897（明治30）年に関西で最初に創設された大学、京都大学ではないかといわれている。この呼び方が初めて資料に登

場したのは1925（大正14）年に発行された同大学の学内新聞。1918（大正7）年に大学令が公布され、関西で多くの大学が設立された大正時代には、すでに何回生という呼び方が定着していた。

では、なぜ京都大学でこの呼び方が生まれたのかというと、同大学の20年前に創設された東京大学との進級制度の違いが理由ではないかと推測されている。

東京大学の学生は学年ごとに決まった科目に合格しなければ進級できず、何年生であるかが重要だった。一方、京都大学は学年に関係なく一定の単位さえ取れば卒業できた。したがって東京大学では、4年生が留年したらまた4年生だが、京都大学では5回生と年を重ねて呼ぶのが一般的だった。

京都大学で独自の進級制度が採用されたのは、当時の教官にドイツへの留学経験者が多く、学生に裁量を与える海外の大学の自由な校風を取り入れるためだったとも考えられている。それに加えて、東京大学への対抗心から独自性を示すために採用されたという意見もある。

真相は不明だが、京都大学独自の文化が関西圏内に広まり、関西の他大学でも何回生という呼び方が定着したということはたしからしい。

PHRASE

佐藤さんや田中さん、よくある名字も関東関西では異なっている!

佐藤、鈴木、高橋、田中、伊藤、渡辺、山本……。29万以上あるといわれる日本人の名字ランキングの上位には、おなじみの名字がずらりと並ぶ。そして、そうした名字の分布を調べると意外な事実が明らかになる。関東に多い名字、関西に多い名字があるのだ。

例えば、佐藤は関東に多く、関西ではあまり多くない。その理由は、**佐藤は奥州藤原氏を代表とする東国の藤原氏に由来する名字だからだ。**

東国の藤原氏は下野《しもつけ》国(栃木県)佐野庄の領主だったため、地名から「佐」の1字を取り、それに藤原の「藤」をつけて「佐藤」と名乗った。その流れをくんだ人々が佐藤を名乗ったため、関東および東北地方に佐藤を名字にする人が多いと考えられている。

鈴木も関東に多い。紀伊半島にある熊野地域の神官の穂積《ほづみ》氏が、稲穂を積んだ穂積の中心に立てる1本の棒を意味する「すすき」を名乗った。これが鈴木という名字の始まりで、中世以降、熊野神社の分社を祀《まつ》るようになった人たちが鈴木を名乗ったため、東海や関東に広がっていったのである。

一方、関西に多い名字の代表が田中だ。田中とは、文字通り「田んぼの真ん中」という意味。新たな村ができたとき、その真ん中に住んだ有力者が名乗り始め、やがて周辺の農民にも広がった。関西は比較的温暖なこともあり、稲作が盛んに行われていた。それが、田中姓が多い理由だといわれている。

ほかに関西に多い名字としては、上田や吉田が挙げられる。上田の由来は「よい田」。最初は質のよい田を持つことのできた豪農が使っていたが、時代が下ると周辺の農民も名乗るようになった。

吉田は、田中や上田と違って田には関係がない。京都の吉田神社の信者が名乗り始めた名字だといわれている。

こうして見ると、**関東では武士の流れをくむ名字が、関西では農民の流れをくむ名字が多いといえそうだ。**

PHRASE

町は「まち」？　それとも「ちょう」？東西で変わる地名の読み方

「大手町」をなんと読むだろうか。

関東の人は「おおてまち」に決まっていると思っただろうが、関西の人なら「おおてちょう」と答えるかもしれない。

関東と関西では「町」の付く地名の読み方が異なり、関東では「まち」、関西では「ちょう」と読まれる傾向にある。

ただ、東京の場合は「まち」と「ちょう」が混在している。「大手町」や「御徒町《おかち》」は「まち」だが、「人形町」や「鍛冶町」は「ちょう」といった具合だ。

その理由は、江戸時代の住居区分にある。鈴木理生著の『東京の地名がわかる事典』によると、江戸時代、江戸の町は武士の住む場所は「まち」、町人が住む町は「ちょう」とする区分があったというのだ。

大手町は武家の上屋敷が集まっており、御徒町は下級武士が住んでいた場所だから

「まち」。近くに歌舞伎小屋や芝居小屋があった人形町は人形遣いが、神保町や鍛冶町は鍛冶職人が多く住む町人たちの町だったから「ちょう」というわけである。

関西で「ちょう」が定着したのは、中国文化の影響を強く受けたために、音読みがよく使われていたからだといわれている。

鎌倉時代以降、商業都市として発展した京都では、商工民が多く移住してくるようになった。彼らは周囲の家で集まって「町《ちょう》」という共同体をつくった。

さらに戦国時代になると、武士に対して立場の弱い商工民の利益を守るために、数十カ所の町が集合した「町組《ちょうぐみ》」を形成していた。この町や町組を「ちょう」と読んだことが影響しているのではないかと考えられているのである。

読み方の傾向の違いは「町」ばかりではない。**関東と関西では「谷」の読み方も違っている。**

どちらにも「渋谷」という地名があるが、関東では「しぶや」、関西では「しぶたに」と読む。

例えば、大阪府池田市、京都府亀岡市、兵庫県篠山《ささやま》市、奈良県天理市には「渋谷」という場所があるが、いずれも呼び方は「しぶたに」である。

このように関東では「や」、関西では「たに」と読まれることが多いのだ。たしかに、東京には「千駄ヶ谷」「市谷」「世田谷」「日比谷」「四谷」など「や」がつく地名がかなり多い。

これは、もともと関東には「たに」という言葉はなく、山と山の間のくぼみは「や(矢)」と表現していたからだ。そのため古くからある地名は「や」、もしくは「やと」、「やつ」と読まれていた。

関東でも「鶯谷《うぐいすだに》」や「茗荷谷《みょうがだに》」などは「たに」と読むが、こうした地名は、江戸時代以降になって、関西から「たに」という言葉が入って来てから名付けられた地名だ。

このように、地名にはそれぞれの土地の歴史や文化が表れているのである。

PHRASE

読み方の違いには法則があった！関東人は濁音が、関西人は清音が好き

テストが終わった後の、友人同士のAさんとBさんの会話。

Aさんが「今のテスト、むずかしかったね」というと、Bさんが「うん、むつかしかった」と答えた。すると、Aさんは「むずかしい、でしょ」と訂正を入れるも、Bさんは「むつかしい、やで」と返した――。

一般的には「むずかしい」だろうが、日本語には語形が確定していない「ゆれ」のある語が存在する。「研究所」は「ケンキュウショ」「ケンキュウジョ」、「踵」は「カカト」「カガト」といったように、二つの読み方がある。

じつは、こういった読み方の「ゆれ」の多くには、ある規則性がある。**関東では濁音をつけた読み方が、関西では濁音をつけない清音の読み方が好まれるのである。**Aさんが「難しい」を「むずかしい」、Bさんは「むつかしい」というのは、Aさんは関東の出身でBさんは関西の出身だからかもしれない。

では、なぜ関東と関西で同じ言葉に濁音がついたりつかなかったりするのだろう。その理由を、漢字研究を専門としている早稲田大学教授の笹原宏之氏は、かつて日本の中心だった西日本から東日本に言葉が広がる過程で、一種の方言のように発音が濁音化していったからだろうと分析している。清音を好む西日本の言葉が、濁音を好む関東に伝わることによって、別の読み方をされるようになったわけだ。

清音好きと濁音好きの違いは、名字にも表れている。「山崎」という名字を関東出身者は「ヤマザキ」と、関西出身の人の場合は「ヤマサキ」と読むことが多い。さらに、「中島」も関東は「ナカジマ」、関西は「ナカシマ」と読むのが主流である。

同じ言葉ではないが、関東では「バカ」、関西では「アホ」がよく使われるのにも、濁音のありなしが見事に表れている。

バカは濁音と破裂音で鋭い感じがするが、アホは清音で母音が重なりやわらかい印象を受ける。関東人は「アホ」といわれることを嫌い、関西人は「バカ」といわれると傷つくといわれるが、その理由も、濁音のあるなしの嗜好の違いに関係しているのかもしれない。

PHRASE

ほかす？ めばちこ？ 関東人が戸惑う独特な関西弁

関東の人が関西へ行くと、強烈な関西弁に影響を受けてしまうようで、いつの間にか「なんでやねん」「〜やん」などと関西弁に染まる人が多い。

とはいえ、生粋の関西っ子からすると、やはり東京なまりがあり、気持ち悪い関西弁に聞こえてしまうそうだ。

一方、関西の人は関東で暮らしていても、関西弁がなかなか抜けない人が多い。関西っ子は、標準語である東京の言葉には染まらないようだ。

テレビではお笑い芸人をはじめ芸能人がふつうに関西弁で話していることもあり、日常会話で意思疎通できなくて困るという不便さは感じない。

ところが、**なかにはあまり知られていない関西弁もあり、それが関東の人を戸惑わせることがある。**

例えばこんなシーンだ。

会社が主催したイベントの後片付けでのこと。新入社員のAさんは先輩社員に、イベントで使った風船を指して「これ、保管しておいて」と指示された。もう用済みの風船なのに、なぜわざわざ保管しておくのだろうと不思議に思いながら、何か理由があるのだろうと、風船を箱に詰め始めた。

すると、ふとそれを見た先輩社員が「ほかしておいてといったのに、何してるの?」と怪訝《けげん》な顔をしている……。

じつは、先輩社員は「保管して」ではなく「ほかして」といっていたのだ。**「ほかす」は関西弁で「捨てる」という意味。**Aさんはそれを知らず、先輩社員も関西ならではの言葉とは思っておらず、こんなすれ違いが起きてしまったわけだ。

こんな話もある。

ある朝、大学生のBさんは、友人から「めばちこできたから、今日の飲み会には行けない」と連絡をもらった。友人が飲み会を欠席することはわかったが、Bさんが意味不明だったのが「めばちこ」という言葉だ。なんの用事ができたのかわからない。「めばちこ」とは単なる「ものもらい」のことだと後で知ったという。

そのほか、よく聞くのが、「これ、なおしといて」という言葉。こういわれると、

関東人は何かが壊れているので修理しておいてという意味にとるのがふつうだが、関西では物を片付けることを「なおす」という。

このように、意外と知られていない関西弁はいくつもある。それを関東人はともかく当の関西人も方言と認識していないからやっかいである。

PHRASE

関西ではとりあえず京言葉を使っておけば敬語になる!?

社会人1年生が最初に苦労するのは、敬語の使い方だろう。社会人になった途端に、学生時代はそれほど使う機会のなかった敬語を使いこなすことが求められる。自分が主体なら謙譲語、相手が主体なら尊敬語。頭ではわかっていても、使い慣れない言葉というのは、すんなりと出てこないものだ。

ところが、関西人は驚くほど簡単な敬語の使い方を編み出している。京言葉の助動詞「はる」である。この「はる」は、「なさる」が「なはる」と変化し、最終的に「はる」になったと考えられている。**関西では「はる」を動詞にくっつければ、簡単に敬語になる。**

例えば、「いう」に「はる」を付けて「いわはる」にすれば、「おっしゃる」と同じ意味になる。同様に、「来る」に「はる」を付けて「来《き》はる」にすれば、「いらっしゃる」という具合。

また、ふつうなら上司が不在中に上司あてにかかってきた電話は、相手が取引先なら「出かけております」と、上司に対しての敬語は使わない。しかし、上司の家族からの場合は「お出かけになっていらっしゃいます」というように、相手によって使い分けなくてはいけない。ところが、「はる」を使えば、「出かけてはります」でどちらが相手の場合も問題ない。

つまり、関西では「はる」を付けておけば、まず相手に対して失礼になることはないわけだ。使い分けに苦労している関東人からすれば、うらやましい話である。

このように「はる」は便利な言葉だが、特に京都では敬語として使っているわけではない。例えば、京都人は「隣の家に泥棒が入らはったらしいで」「うわっ、今、ネズミが通らはったわ」ということがある。敬語を使わないものに対しても「はる」をつける傾向があるのだ。

「はる」は便利なインスタント敬語なのだが、京都の人にとっては敬語というより口ぐせのようなものである。

4章

「交通・インフラ」で読み解く東西の事情

TRAFFIC

関東は「両端型」、関西は「行き先型」の路線が多い

鉄道の路線名を一つとっても、東西で際立った違いがある。

関西で鉄道を利用すると、路線そのものに行き先がはっきり明示されている「行き先型」の路線名が多いため、行き先がわかりやすいことに気づくだろう。

例えば、阪急電鉄なら、神戸線、宝塚線、京都線といった具合で、その名の通り、それぞれ神戸、宝塚、京都へと向かう。同様に、南海電鉄なら高野山へ向かう高野線、和歌山港へと向かう和歌山港線、近鉄も奈良へ向かう奈良線、京都へ向かう京都線といった具合なので、じつにわかりやすい。関西特有のサービス精神の表れだろうか……。

関西は愛称が付けられている路線が多いのも特徴だ。例えば、JR関西線は「大和路線」、JR紀勢線は「きのくに線」といった具合で、JR西日本管内だけで16もの愛称路線があるという。これは、地域の方々に少しでも親しみを感じてもらいたいと

いうJR西日本の粋な計らいである。

一方、**関東の鉄道はわかりにくい路線名が多い。**例えば、私鉄の主だった路線を紹介すると、東急電鉄の東横線、京王電鉄の京王線、東武鉄道の東上線といった具合。JR東日本にしても、京葉線だの埼京線だの、はたしてどこに向かうのか、名前だけではわからない。

その理由は、関東では出発地と行き先をくっつけた「両端型」の路線名が多いからである。

東横線は東京と横浜、京王線は東京と八王子、東上線は東京と上野である。しかも、この上野とは群馬県の上野のことで、実際には東上線は上野へは路線を走らせていないが、かつては結ぶ予定があったからというのだからややこしい。さらに、京葉線は東京と千葉を、埼京線は埼玉と東京を結んでいる。

地下鉄も、大阪のほうがはるかにわかりやすい。なにしろ、御堂筋線、堺筋線、谷町線、今里筋線など、主要道路の名前がそのまま使われているものが多く、その主要道路の下を走っているからだ。

ところが東京の地下鉄は、ルートの見当もつかない。銀座線や浅草線、日比谷線のように、路線内の主要な駅名が使われているだけの路線名が多いからだ。都営大江戸線にいたっては東京の地下を走っていることぐらいしか想像できないし、東京メトロの南北線や東西線などは方向しかわからない。

なぜ大阪のようにわかりやすい名前にしなかったかというと、**東京は道路も地下鉄も複雑に入り組みすぎているので、単純な名前が付けられなかったからだという。**

考えに考えた末に現在の名称に落ち着いたのだろうが、利用者からするとやはり少々不便である。

派手好きなイメージのある大阪なのに、なぜタクシーは黒ばかり？

一般に、関東では紺や緑などの落ち着いた色が、関西では赤やオレンジなどの明るくはっきりとした色が好まれる。たしかに、街中の看板や歩いている人々の服装を見ても、そういう傾向がある。

この嗜好の違いを太陽光の性質から読み解いたのが佐藤邦夫氏の『風土色と嗜好色―色彩計画の条件と方法』だ。佐藤氏によると、**関東地方には寒色系の色が美しく見える光が降り注いでいる。**そのため、関東では緑や紺色が好まれるようになったという。

一方、**関西には暖色系の色が美しく見える光が降り注ぐ。**しかもその光に照らされると、ほとんどの寒色系は色あせて見えやすい。そのため、関西では、赤やオレンジが好まれ、青や緑といった寒色系なら関東よりも明るく彩度の高い色が好まれるようになったのだという。

こういった色の嗜好性は、関西人が派手好きといわれるゆえんかもしれない。
ところが、なぜかタクシーの色は関東と関西のイメージがまったく逆である。

関東ではさまざまなカラーを使ったタクシーが走っているが、関西のタクシーの色は黒が多い。

関東のタクシーがカラフルなのは、タクシー会社が多く、他社との違いがひと目でわかるように各社がそれぞれシンボルカラーを決めているから。そのため、関東のタクシーは、車体だけでなく、運転手の制服も自社のシンボルカラーを採用しているところが多い。

ではなぜ、明るい色を好むはずの関西人は、タクシーの色を地味な黒にしているのか。

関西のタクシーの大半が黒色になったのは、1970（昭和45）年に開催された大阪万博の直後からといわれている。開催当時は観光客が急増してタクシーは引く手あまただったが、閉幕後は客が減って需要が一気に落ち込んだ。一説には、万博開催中は需要増でサービスの質が落ち、それを感じた地元民がタクシー嫌いになったともいわれている。

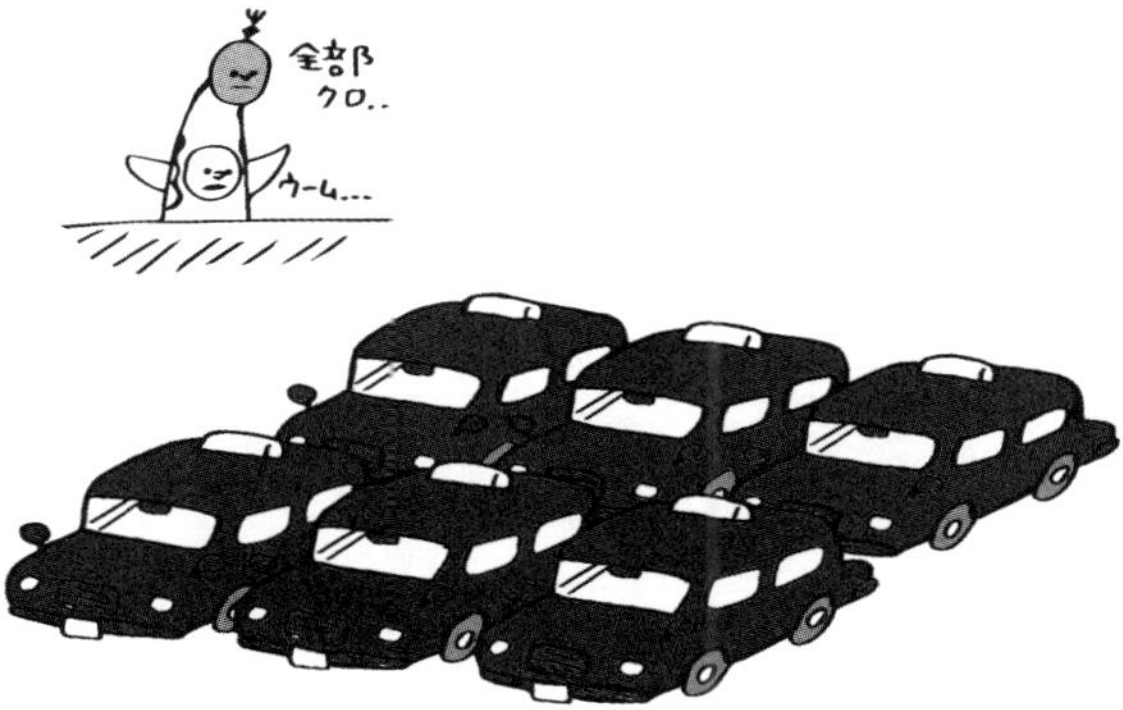

そこで、困ったタクシー会社は、タクシーのイメージを一新させることにした。**高級感を出すために車体を黒くし、おしぼりを渡したりマッサージ器をつけたりして車内サービスを向上させたのである。**

つまり、大阪のタクシーが黒なのは、高級感を出して利用客の心をつかむための、商人の知恵というわけだ。

黒いタクシーは、「ナニワ」の気概の証しでもある。

TRAFFIC

大阪人にとって赤信号は「止まれ」ではなく「注意して渡れ」？

横断歩道を渡りたいけれど、信号は赤。周囲を見渡すと、車は来そうにない。

さて、こんなとき、あなたならどうするか。

赤信号を無視して横断歩道を渡ってしまうか、それとも交通ルールを守り、信号が青になるまでじっと待つか……。

２０１４（平成26）年にマイナビが実施したアンケート調査では、こうした状況で「渡る」と答えた人が61パーセントに達したが、**大阪人に限定して同じ質問をすると「渡る」という回答が76パーセントに跳ね上がったという。**

その理由について、ある大阪人は「たしかに赤信号は原則止まれだけれど、それは安全のためのルールであって、たとえ赤信号でも安全を確認できるのであれば、信号が変わるまで待つ必要はない」と答えたそうだ。

言い換えれば、大阪人にとって赤信号は「止まれ」ではなく「注意して渡れ」ということになるのかもしれない。

この考え方は「合理主義」の気質が関西にはあるからかもしれない。

赤信号は止まれだからと、状況判断もせずに規則を優先するよりも、冷静に周囲の状況を判断したうえで渡るかどうかを決めるほうが、合理的であると大阪人は考えるというのだ。

また、大阪人は単にせっかちな気質だからともいわれる。**とにかく時間をムダにしたくないという気持ちが強すぎて、ルールを守るよりも先に、つい行動してしまうのだ。**事実、大阪人は、車が来なければ横断歩道でなくても道路を横切ってしまうことが多い。

ただ、全国の交通事故件数（2013（平成25）年中の交通事故の発生状況）を見ると、大阪府は愛知県に次ぐワースト2位で、東京都のワースト4位より悪い。そのせっかちな気質が交通事故の多さに影響していると考えられなくもない。

TRAFFIC

関東ではエスカレーターの右側、関西では左側を空けるのはなぜ？

エスカレーターに乗ったとき、真ん中に堂々と立つ人は少ないだろう。急いでいる人が追い越せるようにと、左側あるいは右側どちらかの片側を空けて立つ人がほとんどである。最近になって安全性の観点から、「エスカレーターを歩いて上り下りしてはいけません」と歩行禁止の取り組みが行われるようになってきたが、なかなか浸透していないようだ。

そんなエスカレーター歩行について、よく知られているのが関東と関西の違い。**関東では左に立ち右を空け、関西では右に立ち左を空けるというものだ。**

２０１４（平成26）年にＪタウンネットが実施したアンケート調査によると、全国のアンケート総数のうち「左に立つ」が57パーセント、「右に立つ」は13・１パーセント。左に立つ関東方式が圧倒的に多く、右に立つ関西方式は少数派である。ではなぜ、関西だけ独自のルールになったのか。その理由については諸説いわれている。

エスカレーターの片側を空けて立つ習慣は、大阪で始まった。一説には、１９６０年代後半（昭和40年代）に地下鉄御堂筋線で左側通行が始まったとされている。

また、１９７０（昭和45年）年開催の大阪万博のとき、他国の慣習にならって右立ち、左空けを呼び掛けたともいわれる。そもそも片側空けは、第二次世界大戦中のロンドンの地下鉄構内で急ぐ人のために左側を空けたことに始まるとされる。それが世界各地に広まり、右立ち、左空けの国がスタンダードになっていたため、それに合わせたらしい。

一方、東京では大阪よりも遅く、１９８０年代後半（昭和60年代）から片側空けが始まった。このとき、左立ち、右空けが一般化したのは、左側通行の歴史にしたがったからだと考えられている。

そもそも日本の左側通行は、武家社会から始まったとされる。**刀を持った武士が右側通行をすると、鞘《さや》が当たってトラブルが起こりがちだったため、これを防ごうと左側通行がスタンダードになったという。**

つまり、日本では長年、左側が優先コースで、その優先コースを関東では急ぐ必要のない人が使い、関西では急ぐ人が使っているというわけである。

TRAFFIC

東京の「銀座」より もっと古い「銀座」が関西にある!?

日本全国を見渡せば、あちらこちらに「銀座」と名の付く土地がある。また、東京の銀座にあやかった「○○銀座」という名前の繁華街や商店街も点在しており、銀座という名前は繁華街の代名詞といえるだろう。

銀座といえば、なんといっても東京の銀座であり、東京の銀座こそ本家本元……と多くの人が思っているに違いない。

東京の銀座は、江戸幕府直轄の銀貨鋳造所や銀座役所が置かれていたことから名付けられた。銀座2丁目には「銀座発祥の地　銀座役所跡」と記された石碑もある。発祥というからには、東京の銀座こそ日本で最初に銀座が置かれた場所だということになる。

しかし、**じつは東京の銀座より古くから別の場所に銀座が存在していたのだ。**その場所とは、**京都の伏見である。**

伏見に銀座が設けられたのは、1601（慶長6）年のことである。関ヶ原の戦いで勝利した徳川家康が、伏見城下に初めて銀貨鋳造所を設立したのである。

こうして伏見の銀座が生まれたわけだが、1606（慶長11）年には駿府（静岡）にも銀座が設けられ、1608（慶長13）年には伏見の銀座は京都の両替町（現在の中京区）に移されてしまった。そして、1612（慶長17）年、ついに駿府の銀座が江戸に移されることになったのだ。

現在の東京・銀座にあった銀座役所は、1800（寛政12）年に現在の日本橋に移転したが、その後も銀座は発展を続けて日本を代表する繁華街へと成長したというわけである。

つまり、銀座の本家本元は東京ではなく、京都の伏見だったのである。東京の銀座は設置された順番でいえば4番目にすぎない。

ただ、残念ながら伏見の銀座は、銀座役所が京都に移った後は東京の銀座のように発展することはなかった。今では狭い路地に住宅が並ぶ落ち着いた街並みとなっており、その名残は、銀座跡地を示す石碑や、銀座町という町名だけとなっている。

TRAFFIC

大阪のおばちゃんならではの「自転車文化」とは？

中国が自転車大国だということは世界的によく知られているが、じつは真の自転車大国は日本にほかならない。オリンピック競技にもなっている競輪は、日本発祥のスポーツだし、国民一人当たりの自転車保有率は、じつは中国より多い。

そんな自転車大国の日本の中でも、**最も自転車保有率が高いのは京都府で、なんと44・5パーセントにも及ぶ。**2位が大阪府で43・6パーセント、3位は埼玉県の43・5パーセントで、香川県、高知県、愛媛県、徳島県と続き、東京都は8位。この結果から見る限り、関東より関西のほうが自転車が普及しているといえるだろう。

京都府が1位なのは、大学が多い「学生の街」だから。お金がかからない自転車を移動手段として使う学生が多いわけだ。また、市街地は比較的土地が平坦で自転車にはぴったりだからという理由もある。

2位の大阪府は、世帯ごとの保有率で見ると、京都を押さえて1位に輝いている。

「足はチャリンコ!」東西比較

都道府県別　自転車保有率ランキング

順位	都道府県	割合
1位	京都府	44.5%
2位	大阪府	43.6%
3位	埼玉県	43.5%
8位	東京都	39.4%
9位	千葉県	38.9%
14位	兵庫県	36.4%
17位	滋賀県	35.2%
18位	栃木県	35.0%
21位	神奈川県	33.8%
22位	奈良県	32.8%
23位	三重県	32.8%
29位	茨城県	30.4%
30位	和歌山県	30.0%
33位	群馬県	29.9%

<資料:2015年(株)引っ越し侍>

そのランキングを牽引《けんいん》しているのは、なんといっても大阪のおばちゃんだ。

大阪ではおばちゃんが自転車に乗っている姿がやたらと目に付く。自転車に乗っているおばちゃんが多いからというだけでなく、彼女たちが乗っている自転車がかなり特徴的だからだ。

大阪のおばちゃんの自転車には、ハンドルの中央部分に得体のしれない棒が立っているものが多い。これは「さすべえ」といって、**傘を固定するために取り付ける器具だ。**これさえあれば、雨の日も両手でハンドルを持って運転できるというわけである。

晴れの日でも「さすべえ」は活躍している。雨傘ではなく日傘をさせば、紫外線防止グッズにもなるのである。ほかの地域の人にはあまりなじみがないが、大阪ではおばちゃんの人気に支えられて、非常になじみのある商品となっている。

さらに、**ハンドルを持つ手元には手首から先をすっぽり隠してくれる日焼け止めカバーが取り付けられている。**このカバーは、冬の寒い日には手が冷たくなるのを防いでくれるので、一年中重宝するという。

大阪のおばちゃんは、日差しの強い日には「さすべえ」に日傘を取り付け、日焼け止めカバーに手を突っ込んで、人によっては大きなツバの付いたサンバイザーまで装着して自転車をこぐわけだ。

ほかにも、前かごにさまざまなデザインのカバーやネットを装着している自転車も多い。これはひったくり防止のためだ。

このように、大阪の街にはおばちゃんが独特の感性で愛用車をカスタマイズする、独自の自転車文化が存在しているのである。

TRAFFIC

日本初の市電が東京・大阪ではなく、京都で開通したワケ

日本で初めて鉄道や地下鉄が開通したのは、首都の東京である。交通機関をはじめとして、日本の近代化はたいてい東京から始まっている。

しかし、日本で初めて路面電車、つまり市電が走ったのは東京ではなく、なんと京都だったのをご存じだろうか。

1895（明治28）年、京都電気鉄道が東洞院《ひがしのとういん》塩小路《しおこうじ》～伏見油掛《あぶらかけ》で開業したのが日本の市電の始まりである。

なぜ東京より先に、京都で市電が走ったのだろうか。

明治の初め、政治の中心地でも天皇の住居でもなくなってしまった京都では、人口が激減し、産業も衰退するなど寂れる一方だった。そんな**京都を経済都市として再生させるために考え出された策の一つが市電の開業だったのである。**

当時、京都府知事を務めていた北垣国道《きたがきくにみち》は、京都は東京や大阪に比べて流通の面で

大幅に後れを取り、産業の発展が妨げられていると考えた。そこで、琵琶湖と京都を船で結ぶ琵琶湖疏水《そすい》をつくり、あわせて市内の輸送を行う路面電車を開業して経済の活性化をもくろんだのだ。

琵琶湖疏水は輸送だけでなく、疏水の落差を使った水力発電にも利用された。この電力を使って日本初の市電を走らせたのである。

また、市電が開通されたのと同じ年に、京都で内国勧業博覧会が開催されている。その来場者の輸送手段として必要だったことも、京都でいち早く市電が走った理由だったようだ。

日本初の市電の開通は、打ちひしがれていた京都の人々に大いに活力を与えた。特に、新たな首都となった東京よりも早く開通したという点は、京都市民を喜ばせたに違いない。

最盛期には全長約77キロの路線を走った市電は、京都市民の足として大いに活躍した。

一方、**大阪と東京での市電開通は、それから8年も後のこと。**この両都市では当時、馬車鉄道が隆盛していたため、馬車鉄道業界の反対で市電の導入が遅れてしまったの

である。
つまり、京都市内で市電が走り始めてから8年の間、東京や大阪ではそれまでと変わらず馬車が荷物や人を輸送する主流の手段だった。市内の交通に関しては、京都が一歩リードしていたわけだ。
その後、京都の市電は自動車の普及によって利用者が減り、１９７８（昭和53）年に83年の歴史を終えている。
最古の電車は今も平安神宮で見ることができる。

TRAFFIC

同じ駅名なのに別々の場所にある？関西での乗り換えには要注意

関東の人がJRや私鉄、地下鉄などを乗り継いで目的地に向かうとき、同じ名前の駅であれば、同じ場所に存在していると考えるだろう。例えば、JRで渋谷に行って東横線に乗り換える場合、JR渋谷駅で降りれば、同じ建物内にある東急線の渋谷駅から東横線に乗ることができる。当たり前といえば当たり前である。

しかし、関西では、この当たり前が通用しない。**同じ名前の駅だから、当然、同じ場所にあると思ったら大変な目にあうことがある。**

例えば、JR東海道本線の西宮駅と、阪神本線の西宮駅は、歩いて10分以上かかるほど離れている。しかも、阪急電鉄には前述の両駅とはまた離れた場所に西宮北口駅が存在する。

もっと遠く離れているのが尼崎駅だ。駅はJRと阪神電鉄にあるのだが、なんと両駅は歩いて30分以上も離れているのである。

ＪＲ奈良線の宇治駅と京阪電鉄宇治線の宇治駅に至っては、川に隔てられている。ＪＲの宇治駅は宇治川の西、京阪の宇治駅は宇治川の東に位置しているのだ。

なぜ、関西の駅はこれほど乗り換えに不便なのかというと、関西ではＪＲと私鉄が古くからライバル関係にあったからだ。**ライバル会社に乗り換えるための駅などつくりたくないと、離れた場所に同じ名前の駅をつくってしまったからといわれている。**

その結果、逆に駅名は違うのに乗り換えはかなり便利という駅も生まれている。ＪＲ大阪駅と私鉄や地下鉄の梅田駅が同じターミナルだということは有名だ。ほかに、ＪＲ天王寺駅も、高層ビル「あべのハルカス」のターミナル駅である近鉄の大阪阿部野橋駅と隣接している。

同じ名前ならば、誰にでもわかりやすかったはずなのに、ライバルへの対抗心がこのような事態を生み出したというわけだ。慣れない人が大阪で電車を利用するときは、駅名だけで判断しないように、事前にチェックしておくほうがよさそうだ。

TRAFFIC

東京もかつては堀川が張り巡らされた「水の都」だった！

大阪は川が多く、昔は「水の都」と呼ばれた。大阪の街に川が多いのは、豊臣秀吉が東横堀川を開削し、広い街路や太閤下水を整備して大坂の都市化を図ったからである。また、商人たちも競うように堀川開削を行ってきた。

堀川が街中に張り巡らされたのは、明治時代になって鉄道が開通するまで、水運が日本の物流を支えていたためだ。当時の大坂は江戸や北海道と畿内を結ぶ中継地であるとともに、京都や奈良へと川を使って荷物を運ぶ畿内の水運の要衝でもあった。**大坂は「水の都」として、そして全国各地から物が集まる「天下の台所」として発展してきたのである。**

当時、水運が重要だったのは大坂だけではない。江戸時代、政治の中心地だった江戸でも、水運によって経済が支えられており、市内には数多くの川が開削されていた。つまり、かつては江戸も大阪同様「水の都」だったのである。

しかし、今日の東京に「水の都」の面影はない。その一因は、1923（大正12）年の関東大震災にある。このときに出た大量の灰燼《かいじん》を処理するために、堀が一部埋め立てられた。

また、第二次世界大戦中に起きた1945（昭和20）年の空襲も一因である。都市部が壊滅した東京では、戦後の復興の際に、建物の残骸《ざんがい》や瓦礫《がれき》の山が川や堀に捨てられ、多くが埋め立てられた。

さらに、その後の高度成長期には、首都高速道路の本格的な開通のために埋め立てが進んだ。こうして東京の川や堀は、歴史や景観を考慮されることなく、どんどん姿を消していったのである。

もちろん大阪も、江戸時代からあった数多くの川や堀が埋め立てられてきたし、運よく残ったとしても、水質の悪化は防げなかった。東京に比べれば川や堀は多く残されていたものの、もはや「水の都」と呼べる状況ではなくなったのだ。

大阪の人々が再び「水の都」の名を取り戻そうと立ち上がったのは、2011（平成23）年のこと。この年から10年計画で「大阪の都市力の向上」を目標とする「水都大阪水と光のまちづくり構想」が推進された。

その結果、道頓堀川沿いの遊歩道が一層整備され、堂島川沿いでは福島（ほたるまち）港が開港するなど、水辺を意識した開発が次々と行われた。

こうして、大阪は再び「水の都」らしさを取り戻しつつある。

5章

「経済」から見えてくる東西のホンネ

ECONOMY

大阪の喫茶店数が日本一多い意外な理由

喫茶店をこよなく愛する地域といえば、まっさきに思い浮かぶのが愛知県の名古屋だろう。モーニングセットの豪華さで知られ、よくメディアにも登場する。当然ながら、喫茶店の総店舗数でも愛知県がダントツと思いきや、トップに輝いたのはなんと大阪府だ。

総務省の「経済センサス基礎調査2014」によると、喫茶店店舗数の第1位は大阪府で9337軒。第2位が愛知県で8428軒、第3位が東京都で6999軒。東京都と大阪府の人口差を考えると、東京都よりも約2300軒も多いというのは驚きである。

経済観念がしっかりしている大阪人なら、わざわざ喫茶店でコーヒーや紅茶を飲むよりも、自宅で飲むほうを選ぶのではないかという気がするのだが……。

それなのに大阪に喫茶店が多いのは、昔の住まいのつくりが関係しているからだと

関西で広がりを見せる喫茶店

都道府県別　喫茶店店舗数ランキング

順 位	都道府県	店舗数
1位	大阪府	9,337軒
3位	東京都	6,999軒
4位	兵庫県	5,389軒
7位	京都府	2,398軒
8位	神奈川県	2,357軒
10位	埼玉県	1,725軒
12位	三重県	1,578軒
13位	千葉県	1,454軒
18位	和歌山県	1,094軒
21位	奈良県	890軒
24位	滋賀県	686軒
28位	茨城県	604軒
32位	栃木県	496軒
38位	群馬県	415軒

＜資料：2014年総務省「経済センサス基礎調査」＞

考えられている。

長屋に代表されるように、江戸時代までの一般的な庶民の住まいには、玄関や応接間はなかった。家は、自分たちが生活をする場でしかなく、客をもてなす空間などはなかったのだ。玄関や応接間は、明治時代になって、庶民の家が武家屋敷のつくりを真似て建てられるようになってからの話。庶民の家に玄関や応接間が普及したのは最近である。

ところが、大阪は商人の町であり、武家文化とはあまり接点がなかった。そのため、明治時代になっても、武家屋敷を真似て家をつくるという風潮にならず、庶民の家に玄関や応接間をつけることはなかった。

来客があっても、応接間のない大阪の家庭ではもてなすことができなかったため、家の外でゆっくり話をしようということで、喫茶店文化が広まったというわけだ。

また、普段使わない空間を、わざわざたまに来る客のために確保しておくよりも、必要なときだけ喫茶店を利用するほうがムダがないともいえる。こう考えると、やはり大阪人はちゃっかりしているといえそうだ。

ECONOMY

大阪人はバスでも買い物でも先払いをしない？

旅行先でバスに乗車する際、地元とは乗り方が違って戸惑った経験はないだろうか。例えば東京や名古屋のバスは、前方のドアから乗り、乗るときに運賃を支払う前乗り先払いが多い。

一方、大阪を中心とする関西のバスは後方から乗り、降りるときに運賃を支払う後乗り後払いが基本である。

これは運賃システムの違いが原因とされている。東京では、どこまで乗っても運賃は均一のケースが多い。それに対し、関西などでは距離制で運賃が変動する方式をとっているため、後乗り後払いになったという。

しかし、それだけではない。大阪に根付く後払い文化が背景にあるともいえそうだ。大阪人といえば商売上手で、安くていい物を買うことをモットーとしている。そのため、**サービスを受ける前にお金を払うことに抵抗があり、後払いが当たり前という考**

えがある。

そうした大阪人のこだわりは、アマゾンにまつわるエピソードからもうかがい知ることができる。ネット上でさまざまなものが購入できるアマゾンの支払い方法の一つに、商品と現金を引き換える代引きがある。じつは日本でアマゾンジャパンが立ち上げられた2000（平成12）年当時、この支払い方法には対応しておらず、クレジットカード決済しかできなかった。世界では、これで十分通用していたのである。ところが関西方面では、アマゾンの利用がなかなか伸びなかった。なぜなら関西人は先払いを受け入れられなかったからだという。

お金の使い方にシビアな大阪人からすれば、見てもいないもの、受けてもいないサービスに料金を支払えないというわけだ。そこで困ったアマゾンジャパンは、本社に掛け合い、代引き対応を実現させることになったらしい。

これが本当なら、**大阪人の後払いへのこだわりが、アマゾンの支払い方法まで変えてしまったことになる。**

大阪人はバスでも買い物でも「先払いは堪忍や」というポリシーは曲げられないのである。

ECONOMY

大阪で賃貸生活をするとき初期費用が高いのはなぜ？

マンションやアパートを借りるときに頭が痛いのが敷金・礼金といった初期費用である。ただでさえ引越しにはお金がかかるのに、さらに費用がかさむのだから、賃貸生活を始めるのも楽ではない。

しかも、関西に引っ越すとなると、もっと大変だ。なにしろ**関西で賃貸住宅に引っ越す場合、東京の1・5～2倍ほどの初期費用が必要になる。**

この違いは、東京をはじめとする関東では、「敷金・礼金」方式が一般的なのに対し、関西では「保証金」方式が一般的だから。この保証金がめっぽう高いのだ。

なぜかというと、「敷金・礼金」は、家賃の1～2カ月分で設定されており、合わせて家賃の2～4カ月程度の金額になるのが一般的だ。

それに対し、関西の保証金（敷金）は家賃の6～8カ月分が相場。つまり、家賃10万円のマンションを借りた場合、関東ならば20万～40万円の初期費用ですむのに、関

西の場合は60万～80万円も必要になるというわけだ。

また、関東の敷金も関西の保証金も、「万が一のときのための担保」という意味合いは同じだが、返金のシステムが違っている。

関東の場合は、退去する際に何事もなければ、敷金から部屋の修繕費を差し引いた残額が戻ってくることになっている。

一方、**関西の場合は、修繕費を差し引くのではなく、保証金の中にあらかじめ「敷引き」という名の修繕費がプラスされていて、この分が引かれた額が戻ってくる。**

この「敷引き」の金額は保証金の5～6割程度。つまり、60万～80万円の保証金ならば、30万〜40万円ほどの敷引きが含まれている計算になる。そして、この敷引き相当分の金額は、たとえ修繕費がほとんどかからなかった場合でも戻ってこないというから厳しい。

関東の場合も、「礼金」は大家さんへのお礼なので、この金額は退去時には戻ってこない。とはいえ、礼金の相場は敷引きよりも低い。つまり**関西のほうが入居時に必要なお金も、退去時に返ってこないお金も多いということだ。**

近年では、関西でも「敷金・礼金」方式を採用するところが増えてきた。しかし、それでも全体的に見ると、やはり関西のほうが関東より初期費用が高い傾向がある。リクルート住まいカンパニーが、２０１０（平成22）年から２０１５（平成27）年の敷金と礼金の合計金額が家賃の何カ月分なのか、平均額を調べたところ、大阪は東京に比べて０・62カ月分高い結果が出たという。

家賃の高さばかりが強調されがちな東京だが、引越しの初期費用に限っていえば、大阪もけっこうハードルが高いといえそうだ。

ECONOMY

江戸っ子は今でも「宵越しの金は持たない」？

総務省統計局によると、貯蓄高ランキング第1位は東京都だという。かつて「江戸っ子は宵越しの金は持たない」といわれ、気前のよさこそが江戸っ子の売りだったはず。その気質はもうどこかへ消えてしまったのだろうか。

しかし、一概にそうともいえないようだ。たしかに東京都は貯蓄高では1位だったが、消費支出ランキングは2位で、負債残高ランキングは2位。**貯金高だけでなく、支出も負債も多いのが東京都なのである。**

こうした結果から考えられるのは、東京都の貯蓄高が1位なのは、一部の富裕層が押し上げているだけだということだ。

さらに東京都は有価証券ランキングでも1位なので、余裕資金は貯めるだけでなく投資する傾向も高いということになる。

そもそもなぜ、江戸っ子に宵越しの金を持たない気質が生まれたのか。

お金持ちはどこに住んでいる？

都道府県別　貯蓄高ランキング

順 位	都道府県	貯蓄高
1位	東京都	1966万9000円
2位	神奈川県	1903万5000円
6位	奈良県	1784万9000円
7位	和歌山県	1762万9000円
8位	千葉県	1747万9000円
9位	三重県	1720万9000円
13位	兵庫県	1677万8000円
17位	滋賀県	1660万7000円
18位	埼玉県	1648万9000円
22位	栃木県	1531万1000円
23位	茨城県	1521万1000円
24位	大阪府	1501万7000円
28位	京都府	1419万円
31位	群馬県	1281万1000円

＜資料：2014年総務省統計局「統計でみる都道府県のすがた2017」＞

江戸という町が江戸時代に急速に発達して１００年もたたないうちに、人口１００万人の大都市になったことに原因がある。

人口は多いが、その多くが大名の家臣である武士たち。彼らはもらった年俸を江戸で消費するけれど、生産はしない。ひたすら消費だけをする武士が大勢いるために、江戸は大消費地となり、その結果、江戸で稼ごうと思えばいくらでも稼げたのである。

では、稼いだお金をどうするのかというと、貯めるのではなく気前よく使った。**江戸の人々は、武士との付き合いが多い中で、武士につきものの金銭蔑視《べっし》の影響を受けたためか、せっせと貯金することは粋ではないという風潮が生まれたらしい。**

もう一つ、どうやら大坂商人に対する対抗心もあったようだ。大坂商人はお金に細かくて、コストパフォーマンスを重要視する合理的な気質を持っていた。彼らへの対抗意識から、江戸っ子はお金にとらわれない生き方をよしとしたと考えられる。

ちなみに、前述した貯蓄高ランキングでは、１位の東京都とは対照的に、大阪府は24位という結果となっている。

ECONOMY

商売上手な大阪人が生んだ世界に誇るべきユニーク商品

「上方商人」という言葉があるように、関西人は商売上手というイメージがある。それは、倹約家でお金の管理に優れているだけでなく、独自のアイデアを商売にする才能を持っているからだ。**特に大阪では、全国規模の大ヒット商品や産業が次々と生まれている。**

例えば、大阪には回転寿司の元祖を謳《うた》う元禄寿司がある。ここの創業者がビール工場に行った際、ビールが次々とコンベアで運ばれてくる様子を見て、寿司をレーンで運び、客に好みのネタを取ってもらうシステムを思いついたそうだ。

これにより、高級店と思われていた寿司屋に、気軽に、しかもファミリーで行くのが当たり前になった。今では、海外でも回転寿司が大人気だ。

日本の住宅建築に大きな革命をもたらしたプレハブ住宅も大阪のメーカーのアイデアである。プレハブ住宅とは、家の各パーツをあらかじめ工場である程度つくっておいて、現場でそれらを組み立てる工法で建てられる住宅のこと。一から家をつくるとなると、大工さんや左官屋さんなど多くの職人が必要になり、必然的にコストが高くなる。

また、完成までの日数もかかる。プレハブ住宅ならばそうした課題をクリアできるメリットがある。

また、高齢社会になって年々需要が高まっている便利屋も、大阪でタウン情報誌を発行していた出版社のアイデアだ。読者の問い合わせの多さから考え付いたという。犬の散歩や電球の取り替えなど、日常のちょっとした困りごとを解決するサービスである。

そのほか、**大阪で生まれたヒット商品には、カップラーメン、開閉が容易なアコーディオンドア、人工芝、カラオケなど、枚挙に暇《いとま》がない。**

こうしたユニークな商品や産業が大阪で生まれる理由として、大阪人は個人主義だからという考え方がある。

大阪人は、基本的に組織の一員として働くよりも、自分の考えを大事にしたいタイプが多い。集団としては統率が取れないので、戦時には「大阪出身者の部隊は話にな

らないほど弱い」といわれたらしい。
　それが平和な時代になると、個々の頭でよく考えるので、多様なアイデアが出て、新商品や産業を生み出すアイデアマンとして活躍するようになったわけだ。
　また、一度熱中すると夢中になりやすいため、アイデアが浮かぶとすぐに実現化しようとするので、新商品開発に向いているともいわれる。
　つまり、大阪人はベンチャービジネス向きの気質を持っているともいえるだろう。

ECONOMY

安い買い物を自慢する大阪人と、恥ずかしがる東京人

大阪人の気質を表す言葉の一つに「がめつい」がある。たしかに買い物のとき、値切るのは当たり前と考える人は多い。大阪のおばちゃんともなると、「これ、まけて」「まとめて買《こ》うたら、なんぼになる？」と、お店の人と交渉する姿が街のそこかしこで見られる。

東京の人からすれば、ちょっとずうずうしいと感じるに違いない。値切るという行為は恥ずかしいと考えてしまうだろう。

そもそも「これ、いくらだったと思う？」と自慢げにいうとき、東京人の場合は値段の高さを、大阪人の場合は安いことを自慢する。**大阪人は安いものを買えば鼻を膨らまさんばかりに「安いやろ？」と吹聴して、周囲の人も「安いなあ。すごいやん」と褒めたたえてくれるのである。**

これは今に始まったことではなく、江戸時代からのようだ。

　江戸時代、江戸っ子は初ガツオを食べることを非常に粋で誇らしいと考えていた。値段が高いのにもかかわらず、貧しい長屋に住む人までが無理をしてでも買って食べていたほどだ。

　一方で大阪の人々は、どんな金持ちであっても、わざわざ高いうえにさほど美味くないものを買おうとは決してしなかった。

　初ガツオなどに見向きもせず、春暖の頃に瀬戸内海で群れをなして泳ぐ鯛が出回るのを待ったという。この時季の鯛は、安いうえに、脂がのっていて非常においしいからである。

　また、近代では１９１８（大正７）年に米価が高騰して米騒動が全国で起きたときも、最も激しかったのは大阪だし、生活協同組合運動も消費者運動も大阪では早くから始まった。

見栄をはってでも初ガツオを食べた東京人からすれば、「ほら、やっぱり大阪人はがめつい」と思うかもしれない。しかし、大阪人が買い物で値切ったり安い買い物を誇りにしたりするのは、消費者が高いアンテナをはって、常に合理性を求めているからにほかならない。いらぬ見栄をはったりせず、安くていいものを追い求めるのが大阪人なのである。

6章

お互いに譲れない「歴史・文化」の東西決戦！

CULTURE

結納のシステムは関東では往復型、関西では片道型

関東の男性と関西の女性が結婚する場合、結納の前にしっかり話し合っておかないとすれ違いが起こることになる。

例えば、関西の女性の実家では広い座敷を用意して、仲人が差し出した結納品を受け取った。ところが、それを見た女性の両親は口をあんぐり。さすがに口には出さないが、「えっ、これ……えらい質素やなあ」と心の中でつぶやくことに。

その後、仲人は結納が無事に終わったことを報告するために関東の男性の実家を訪れる。すると男性の両親は手ぶらの仲人を見て、「えっ、先方からの結納品は?」と、これまた口をあんぐりと開けて首をひねるだろう。

こうした事態が起こるのは、関東と関西では結納のしきたりが違うことに原因がある。

関東の結納は、仲人が両家を行き来し、互いの結納品を交換する「往復型」が一般

的。それに対し、関西の結納は男性側が女性側に結納品を贈る「片道型」が一般的である。

関西では関東のように女性側が結納品を納めない代わりに、挙式前に荷納めをした際に、家族へのお土産として結納金の1割ぐらいの金額の品物を渡すのである。

結納品の内容もかなり違う。関東の結納品は正式には9品目で、7・5・3品目など簡略化する場合もあるが、関西の場合はもっと多い場合もある。

また関東の結納品は、白木の台一つにまとめて乗せるが、関西は1品ずつ別の献上台に乗せて飾るのが主流になっている。

しかも、関東は一つの台にすべての結納品が乗るぐらいシンプルなものが多いのに対し、関西は飾りが非常に豪華で、松・竹・梅・金屏風などで飾られているため、きらびやかで立体的なのである。

関東は武士の流れをくんでいるため質素に、関西は公家の流れをくんでいるため華やかになったといわれている。

関東の男性と関西の女性の結婚は始まりが大事。せっかくの儀式がギクシャクすることがないよう、事前に両家ですり合わせをしておいたほうがよさそうだ。

CULTURE

関西の理髪店ではシャンプーをしてもらった後に自分で顔を洗う!?

関東の理髪店に行くと、カット、シャンプー、シェービングの後、仕上げに理容師が蒸しタオルで丁寧に顔を拭いてくれる。あの温かさがなんとも心地いいと思う人は多いだろう。

ところが、**関西ではカットやシャンプー、シェービング、シャンプーの後、「洗《あろ》てください」と声をかけられる。どういうことかというと、「自分で顔を洗ってください」という意味だ。**

こうした自分で顔を洗うスタイルは、大阪府や兵庫県、京都府、奈良県、和歌山県で主流だという。一方、滋賀県、三重県には、このスタイルは浸透していないらしい。

関東人からすると、なぜ客が自分で顔を洗わなければいけないのか、と不満かもしれない。しかし関西人にいわせると、「タオルで拭いただけでは、汚れが落ちた気がしない。やっぱりお湯で顔を洗ったほうがスッキリする」ということらしい。

お店側からすると、蒸しタオルを使って拭くほうが効率的だ。客が自分で顔を洗うと、お湯が周囲に飛び散るので、後始末をする手間が増える。また、客が顔を洗っている間、じっと待っていなくてはいけないので時間のロスにもなる。

だから、本当は蒸しタオルで拭きたいところだが、サービスとして、お客が自分で洗うようにしているというわけだ。

これが、いつ頃から関西の理髪店のスタイルとして定着したかは定かではない。理容師の専門学校では基本的にタオルで拭くように教えられる。客に顔を洗ってもらうサービスを考え出した店で修業した理容師がその流儀を受け継ぎ、やがて開店した自身の店でも同じサービスを提供したため、関西流のおもてなしとして広まったようだ。

もっとも最近では、関西でも蒸しタオルで拭くスタイルの店も増えており、客の中にも「拭いてくれ」とリクエストする人もいるという。関西の理髪店でも、関東スタイルが増えつつあるのはたしかである。

CULTURE

おしゃべりで情報交換をする大阪人は本を読まない？

関東人と関西人、どちらが読書好きかというと、関東人のほうがよく読書をしている印象がある。おしゃべりでにぎやかな関西人と読書は結び付けにくい。

これはもちろんイメージにすぎないが、**関東人のほうが関西人より読書好きという説を裏付けるデータがある。**

総務省の家計調査をもとにした1世帯当たりの書籍費用のランキング（２０１２（平成24）年～２０１４（平成26）年の平均値）によると、第１位が神奈川県で１万１４８５円、第２位が東京都で１万１２２６円、第３位が群馬県で１万８９８円とトップ３を関東勢が占めている。さらに埼玉県は第６位、茨城県は第９位と、関東勢２県もトップ10にランクインしているし、トップ10からは外れたものの、千葉県も第12位に位置付けている。

一方、関西勢とはいうと、第11位の奈良県がトップで９５１６円、２番手が第22位

東高西低がくっきり出る読書習慣

都道府県別　小学生の読書率ランキング

順 位	都道府県	平日読書率
7位	茨城県	83.5%
16位	東京都	82.4%
19位	栃木県	82.0%
21位	群馬県	81.8%
27位	埼玉県	80.8%
28位	千葉県	80.6%
34位	兵庫県	79.0%
35位	滋賀県	78.9%
37位	京都府・和歌山県	78.7%
39位	神奈川県	78.6%
41位	三重県	78.0%
46位	奈良県	76.4%
47位	大阪府	74.8%

※小学6年生が対象
※学校の授業以外の平日の読書に限る
※教科書、参考書、漫画、雑誌を除く
<資料：2015年文部科学省「全国学力・学習状況調査」>

の京都府と、関東勢に大きく水をあけられている。関西の雄である大阪府に至っては8202円で第27位となっており、全国平均の8393円よりも低い。
　また、総務省の社会生活基本調査（2016（平成28）年）の読書人口（25歳以上、人口100人当たり）を見ても、第1位は東京都、第2位は神奈川県、第3位は千葉県、第4位は埼玉県と、4位までを関東勢が独占。関西勢は第5位に京都府、第6位に大阪府、第7位に奈良県と続いている。
　ではなぜ、関西人はあまり本を読まないのだろうか。
　現在、電車の乗客はみなスマートフォンとにらめっこしている。しかし、一昔前までは読書をする人が一定数おり、関東の電車では読書している乗客を多く見かけた。それに対し、関西の電車ではおしゃべりしている乗客が多かった。

つまり、**関東では本から情報を得る人が多いが、関西では会話を通して情報交換している人が多かったのである。**もちろん関西にも読書好きな人はたくさんいるが、こうした傾向が関西人の読書習慣を減らしているのかもしれない。

いや、そもそも読書習慣が根付いていないという考え方もある。事実、文部科学省が行った小学6年生への調査では、上位に関東圏がランクインするものの、関西圏はおしなべて下位に甘んじている。

幼少期の習慣が、そのまま大人になって表れた結果とも考えられそうだ。

CULTURE

関西の骨壺が小さいワケは宗派の総本山が集まっているから

関西の人が関東のお葬式に参列し、火葬場まで付き添った場合、そこに置かれている骨壺のサイズに驚くかもしれない。

なにしろ、関東の骨壺は、関西の骨壺よりかなり大きい。具体的なサイズは、関西では直径約9～15センチなのに対し、関東は直径約21センチ。倍ほどにも大きな骨壺が用意されているわけだ。

なぜこれほどサイズに差があるのかというと、拾うお骨の量が違うからだ。

関東では火葬した後、お骨をすべて骨壺に拾うが、関西では歯、足、腕、腰、肋骨、頭蓋の順に遺骨を拾い、最後に喉ぼとけを一番上に乗せて、ほかの骨は火葬場に残して帰る。

つまり、遺骨を全部拾うのではなく、主要な遺骨だけを拾って骨壺に収める習慣があるのだ。中に収める骨の量の違いが、骨壺の大きさに比例しているというわけである。

すべてのお骨を拾わない関西の慣習は、京都や奈良を中心として宗派の本山が多い土地柄に由来している。

お骨を拾う際、関西では喉ぼとけを本骨、それ以外の遺骨は胴骨といい、別々に分けた。そして、本骨を入れた骨壺は宗派の本山に納め、胴骨を入れた骨壺はお墓に納めていた。そのため、関西では本骨を本山に納めなくなってからも、一部の骨だけをお墓に納めているというわけだ。

骨壺以外にも関東と関西ではお葬式のしきたりにいくつも違いがある。

例えば、お葬式の会場や自宅入り口に飾るのは、関東では花輪だが、関西では関東以西の地域で育つ常緑樹である樒《しきみ》を置くのが一般的だ。

また、**関西では近年、香典の受領を断るケースも多いという。**これは、香典返しが面倒だという面もあるようだが、一説には、香典をもらわなくても葬式はできるという意思表示だともいわれている。

香典には遺族を経済的に支える役割があるので、それを辞退することで、経済的支援に及ばないことを示したいのではないかというのだ。

ほかに、関東ではお通夜の後で食事を参列者に振る舞う通夜振る舞いが行われるが、関西では食事は親しい知人や親戚のみで行うのがふつうで、一般の参列者に対する通夜振る舞いは行われない。

以上のように、関東と関西の違いだけにとどまらず、伝統的な冠婚葬祭のしきたりは地域によって異なっていることが多い。住み慣れた土地以外での催しに参加する際は、その地域のマナーと慣例を調べておく必要がありそうだ。

CULTURE

京扇子と江戸扇子の違いは、骨の多さだけではなかった！

今や日本の伝統文化は世界中から注目を浴びている。その伝統文化に欠かせないアイテムの一つが扇子だ。扇《あお》いで涼むためだけでなく、茶道ではあいさつに用いられ、能や歌舞伎といった古典芸能にもよく登場する。

扇子の歴史は非常に古く、平安時代初期に木簡から派生して誕生したのが始まりだといわれていて、日本最古の扇子が東寺の仏像の中から発見されている。

日本の扇子の代表格として京扇子と江戸扇子が挙げられるが、**扇子発祥の地は、平安時代に日本の中心だった京都であり、京扇子こそが扇子のルーツなのだ。**

京扇子の特徴は、とにかく扇骨《せんこつ》と呼ばれる扇《おうぎ》の骨が多いこと。一般的には一つの扇に35本の骨があり、もっと扇骨が多いものもある。そのため、京扇子は華やかな見た目と手になじみやすいしなやかさが特徴だ。

一方の江戸扇子の骨の数は15本が一般的で、京扇子に比べると半分以下とかなり少ない。そのため、見た目は華やかな京扇子に比べてすっきりとした印象だ。

この違いは、京扇子が貴族社会の中で発展したのに対し、江戸扇子は、庶民が日常生活の中で使うものとして広まったからだ。京都で生まれて発展した扇子は、元禄時代に京都の職人が浅草に移って浅草寺の境内で扇子を販売したことがきっかけで江戸っ子に広まった。貴族ではなく、庶民が使うものだから、骨の数が少ない代わりに骨が太くて丈夫なものが好まれた。

なにやら京扇子のほうが高級で、江戸扇子は簡易なもののような印象を受けるが、一概にそうとはいえない。京扇子は87にも及ぶ工程の一つひとつを別の職人による分業制でつくっているが、江戸扇子は30近い工程のすべてを一人が行っているのである。つまり、一人の職人の技が凝縮したものが江戸扇子なのだ。そのため量産はできないが、それぞれがオリジナリティのある逸品となっているのである。

京扇子はきらびやかで美しく貴族社会の優雅な生活を感じさせ、江戸扇子はすっきりと潔いデザインで、江戸っ子の粋を感じさせる。ともに土地柄を見事に反映した日本の工芸品といえよう。

CULTURE

同じ日本舞踊でも関東では「踊り」、関西では「舞」と呼ばれるワケ

日本舞踊は数百年に及ぶ歴史をもつ日本伝統の踊りである。「日本」を冠するくらいだから、統一された様式があるものと思いきや、じつは関西と関東で違う。日本舞踊は関西では「舞《まい》」、関東では「踊り」といい、特徴が大きく異なる。**舞は優雅に踊る「静の美」であるのに対し、踊りは躍動感豊かに踊る「動の美」。**同じ日本舞踊であっても、静と動で真逆の特徴をもっているのだ。

そもそも日本舞踊は、貴族社会で宮廷の式楽として行われていた舞楽から発展した。その後、室町時代に能や狂言が確立されると、武家社会で保護されるようになり、江戸時代に入って歌舞伎が始まると、日本舞踊は大きく形を変える。

江戸時代後期、江戸の歌舞伎は歌舞伎舞踊という演目を生み出した。歌舞伎舞踊は、舞台をめいっぱい使った躍動感あふれるもので、これを人気役者が踊ったことから大人気となり、やがて踊りを教える人や振付師も登場した。

これが現在の踊りの原型だ。

一方、それまで文化の主役だった京都では、江戸の踊りとは異なり、舞台を離れて料亭の座敷や貴族の家などの狭い空間で日本舞踊が踊られるようになる。これが舞で、京都や大阪を中心に発展した。

歌舞伎舞踊から生まれ、動の美を表現する踊りと、座敷舞から発展し、静の美を表現する舞。この二つは一見同じようでも、その発展の仕方は異なる。

まさに江戸文化と京文化を代表する身体表現といえるのだ。

CULTURE

赤みのある鮮やかな紫は「京紫」、青みのある涼しげな紫は「江戸紫」

紫という色は、あまり使い勝手のよい色ではないのかもしれない。ジャケットやパンツ、車のボディカラーなどが紫色だと、いかにもという感じで、場合によっては品がなさそうな印象を受けてしまう。

しかし、古代から紫は尊い色とされてきた。聖徳太子が制定した冠位十二階という位階制度では最高位の色と定められ、平安時代には上位の者だけが着用を許される「禁色《きんじき》」とされていたほどだ。

古くから重要視されてきた紫は、その後の長い歴史の中で少しずつ色味が違うものが生まれてきた。

その中でも代表的な紫が、「京紫」と「江戸紫」である。

京紫は、古代からの伝統的な色合いを引き継ぎ、やや赤みが強い。

一方の江戸紫は江戸時代に流行した色で、青みがかっている。東京都と埼玉県にまたがる武蔵野に自生するムラサキソウを使って染められたことから名付けられたといわれている。

　赤みのある京紫があでやかな印象を受けるのに対し、青みのある江戸紫は涼しげな印象だ。そのすがすがしさがさっぱりとした気質の江戸っ子にもてはやされ、当時の流行色になったのである。『助六由縁《すけろくゆかりの》江戸《えど》桜《ざくら》』という歌舞伎の演目に登場する助六は、鮮やかな江戸紫の鉢巻きを特徴としている。

伝統的な色味の京紫に対し、江戸紫は庶民的で粋な色というわけだ。

　この二つの色は、それぞれの特徴から、身にまとったときに与える印象がかなり変わる。京紫の華やかで上品な色合いは身にまとう人物の品位を演出するのに対し、江戸紫はきっぱりとした江戸っ子気質をもつ人物像を演出してくれる。

　紫の色一つにも、京都と江戸の個性がはっきり表れているのである。

CULTURE

関東の着物が地味なのは、幕府が発した禁令のせいだった！

大阪のおばちゃんといえば、ヒョウ柄や金ラメが入った派手な服装を想像してしまう。おばちゃんに限らず、関東と関西の若者のファッションを比べても、やはり関西は派手で、関東のほうが地味という印象がある。そして、この構図はなんと着物にも当てはまるのである。

例えば友禅だ。友禅とは花や鳥といった自然美の模様を着物に染めて表すもので、町人文化が栄えた江戸時代に盛んになった染め方である。**東京友禅と京友禅を比べてみると、東京友禅は色合いが抑えられていて渋めの文様となっているが、京友禅は色彩が豊かで絵画的に動物や器類などが描かれていて非常に華麗だ。**

江戸小紋《こもん》と京小紋にも同じことがいえる。小紋とは、小さな文様を単色で型染めしたもので、江戸時代には小紋を染めた麻の裃《かみしも》が武士の正装とされていた。それが江戸中期になって町人文化が栄えると、町人にも小紋が広まったのである。

その小紋のうち、江戸小紋は遠目から見ると無地に見えてしまうほど非常に柄が細かい。

一方、京小紋は当初こそ単色だったものの、次第に多彩な色が使われるようになり、柄も具象柄が多くなった。こうして、江戸小紋とはまったく印象が違う色鮮やかな京小紋が生まれたのである。京小紋が華やかなものへと変化したのは京友禅と互いに影響しあったからだといわれている。

それにしても、なぜ東京の着物のほうがおしなべて京都より地味なのか。その理由は、江戸時代に何度か幕府によって発令された贅沢を禁止する「奢侈《しゃし》禁止《きんし》令《れい》」にある。これによって派手な刺繍や絞りの着物は贅沢品だとして禁止されてしまったのだ。その**禁令の中で工夫を凝らして生み出されたのが東京友禅であり、江戸小紋だったというわけだ。**一見地味だが、通《つう》ならではの装いだった。これが江戸のファッションだったといえるだろう。

現代では、着物を普段着としている人はめったにいないが、関西より関東のファッションのほうが地味な印象なのは、東西で異なる着物文化が根底に残っているからかもしれない。

CULTURE

着物の帯が関東では反時計回り、関西では時計回りに巻かれるワケ

成人式に出席する女性たちの後ろ姿を見ると、着物の色や柄はもちろん、帯の結び方にも個性が感じられる。着物の帯の結び方は、はさみ結びや文庫結び、太鼓結びなどさまざまなバリエーションがある。

結び方の種類が多いからといって地域ごとに特別な結び方があるわけではないが、じつは関東と関西では「巻き方」が違っている。**関東では反時計回りに巻き、関西では時計回りに巻くのが一般的である。**

反時計回りの巻き方を「関東巻き」、時計回りの巻き方を「関西巻き」または「上方巻き」と呼ぶ。反対に巻いているので、関東の場合は結び目の手先が背中から見て右側になり、関西の場合は左側になる。

歌舞伎の世界では、二つの巻き方がはっきりと使い分けられている。同じ歌舞伎役者でも、江戸が舞台の演目に出る場合は関東巻き、上方が舞台の演目に出る場合は関

西巻きにする。

なぜ帯を巻く方向が関東と関西で逆になったのだろうか。一説には、関東が武家社会で、関西では公家文化が中心だったからだといわれている。

武士が着物を着た際に結び目の手先が左側にあると、刀を差すときに邪魔になってしまう。そのため関東では、反時計回りの関東巻きが誕生した。

対して、公家文化が中心だった関西では、帯はお付きの人に巻いてもらうことが多かった。そのとき、時計回りのほうが巻く人の勝手がよかったため、時計回りの関西巻きが定着したという。

また、帯文化研究家の笹島寿美氏は、江戸っ子の反発心が関東巻きを生み出したのではないかと分析している。関西巻きが先に誕生し、上方にライバル意識をもつ江戸っ子が、わざと逆に巻き始めたというのだ。

さらに笹島氏は、江戸時代に女性の帯が太くなったことも原因の一つではないかとしている。安土桃山時代の頃まで、帯は腰ひも程度の細さだったが、江戸時代に入って太くなり始め、江戸時代の中期に歌舞伎が流行すると、女性らしさを強調するために現在のように太い帯が登場した。

当然、太い帯を巻くにはそれなりの力が必要で、右利きの人が右から左へ帯を回すほうが力を込めやすかったために、反対向きに巻くようになったというわけである。

このように**理由は諸説あるが、江戸時代には関東と関西ではっきりと帯を巻く方向が分かれていた。**そのためかつては帯自体も関東用と関西用の2種類があった。

現在では、日常的に着物を着ない一般の人々は帯を巻く方向にそれほど関心を持っていないが、なかには帯の模様をどう出したいかによって関東巻きと関西巻きを使い分けている人もいるようだ。

CULTURE

意外にも国宝と重要文化財の数は東京が一番多かった！

重要文化財や国宝は、文化財保護法に基づいて認定されている。後世に残すべき歴史的価値の高い美術品や建物は重要文化財、その中でも特に価値の高いものが国宝だ。これらの文化財がどの地域に多いのかというと、歴史の古い関西だと予想されるだろう。実際にそうなのだが、**じつは都道府県別となると、意外にも東京に最も多くの文化財が集まっているのだ。**

２０１９（令和元）年時点の国宝・重要文化財の数を都道府県別に見ると、第１位は東京都で、２８０４件。第２位が京都府の２１８７件、第３位には奈良県の１３２７件が続く。

その後も、第４位が滋賀県（８２３件）、第５位が大阪府（６７７件）、第６位が兵庫県（４６８件）、第７位が和歌山県（３９３件）と関西勢が占め、第８位にようやく神奈川県（３４８件）と関東勢がランクインする。

関東と関西のトータルで比較すると、関西勢が圧倒的なのだが、都道府県別なら栄えある1位は東京都に輝くというわけだ。

これは、国宝だけの数で比べた場合も同じで、第1位が東京都の281件、第2位が京都府234件、第3位奈良県203件。

その後も、第4位が大阪府62件、第5位が滋賀県56件、第6位が和歌山県36件、第7位が兵庫県21件と関西勢が占めている。

第8位には中国地方から広島県19件がランクインし、関東勢で2番目にランクインするのは広島県と同じく8位の神奈川県19件だ。

それにしても、近世になってようやく政治の中心となった東京都に重要文化財と国宝が集中しているのは不思議である。

それは、**首都となった東京には巨大な美術館や博物館が建てられ、そこに全国から文化財が集められたから。**首都になる前から東京にあった文化財となると、一気に数は減ってしまう。

また、実際には東京に多くの重要文化財や国宝があるにもかかわらず、それがあまり知られていないのは、東京都が保存している国宝や重要文化財は美術工芸品が多く、わざわざ美術館や博物館へ足を運ばないと目にする機会がないからだろう。東京は、関西に比べて歴史が浅いうえ、太平洋戦争による空襲が激しく、現存する国宝に指定されている建造物は「正福寺地蔵堂」「旧東宮御所」の2件のみである。

一方、京都や奈良の重要文化財や国宝には建造物が多く、街の景観として目に入りやすい。そのため、必然的に数の多さが認識されているというわけだ。

重要文化財のトップは意外な結果に！

都道府県別　国宝・重要文化財数ランキング

順 位	都道府県	件 数
1位	東京都	2,804件
2位	京都府	2,187件
3位	奈良県	1,327件
4位	滋賀県	823件
5位	大阪府	677件
6位	兵庫県	468件
7位	和歌山県	393件
8位	神奈川県	348件
14位	三重県	188件
17位	栃木県	159件
31位	埼玉県	83件
33位	茨城県・千葉県	75件
37位	群馬県	61件

＜資料：2019年文化庁＞

CULTURE

関東人と関西人の違いは旧石器時代からあった！

同じ日本人でありながら、関東人と関西人ではさまざまな違いがある。江戸時代に江戸は武士の町で、大坂が商人の町だったことが、両者の気質を分けた原因の一つではあるだろう。だが**じつは、両者の違いは有史以前からすでに生まれていたらしい。**

それを示しているのが、旧石器時代の遺跡から発見された石器類だ。

例えばナイフ形石器の場合、東日本の遺跡から出土した杉久保《すぎくぼ》型ナイフ形石器や東山型ナイフ形石器と呼ばれるものは、縦長の石刃を素材としている。それに対し、西日本の遺跡から出土した国府《こう》型ナイフ形石器と呼ばれるものは、横長の石刃を素材としているのだ。

こうした東西の文化の違いは、縄文時代になるとよりはっきりした形で現れる。縄文式土器は各地で出土しているが、教科書などでよく目にする立体的な飾りが施されたものは東日本の遺跡から発掘されており、西日本の縄文遺跡から発掘されたものは装飾も形もシンプルで地味な印象のものが多い。

東日本は西日本に比べて人口が多かったうえ、通年的に定住生活を送っていたため、社会が複雑化していた。その結果、**呪術的な精神文化が発達し、装飾の多い土器がつくられたのではないかと考えられている。**そして東日本で花開いた縄文文化は、弥生時代になってからも色濃く残された。

一方、西日本の縄文式土器は弥生時代の弥生式土器に近い形状をしており、西日本では弥生文化が起こる前から弥生的な文化がすでに始まっていたようだ。実際、弥生時代に入ると西日本では一気に弥生文化が花開いている。

歴史の授業では縄文時代、弥生時代における関東と関西の違いが詳しく説明されることは少ないが、じつは東西でかなり違った文化が育まれていたのである。

7章

どっちが常識!?
東西で異なる「性格・気質」

CHARACTER

関西人が「行けたら行く」と遠まわしに断るワケ

「今度の土曜日、大学時代のサークル仲間で集合します。都合はどうですか？」

こんな誘いをしたとき、相手から「行けたら行く」と返事が来たとしよう。さて、あなたはこの返事をどういう意味に受け取るだろうか。

関東の人は、「都合をつけて、できるだけ参加しよう」という気持ちから出た返事だと思うかもしれない。江戸っ子の言葉は、歯切れのよさが特徴的だ。もし行く気がないのならはっきりと断るはずだし、「行けたら」というからには前向きな気持ちがあるかどうかは別にして、少なくとも都合がつけば来ると考えるだろう。

しかし、同じ返事を関西人がした場合は、ほぼ来ることはないと思ったほうがいい。**関西人の「行けたら行く」は、参加する意思がほぼないときによく使う言葉である。**つまり、関西人にとっての「行けたら行く」は、都合のいい断り文句ということになる。同じように「考えとくわ」も、ほぼお断りの意味だ。

関西人がはっきりと「行かない」と答えないのは、商人の町として発展してきたことと無関係ではないかもしれない。断りたいと思っても、はっきり断れば角が立ってしまう。だから、商売人は曖昧《あいまい》な返事をして、商売相手との関係を保とうとしてきた歴史がある。

たしかに、「行かない」とか「行けない」とはっきり断るより、「行けたら行く」のほうがやわらかい印象だし、会話に緊張感が生まれない。「なぜダメなのか？」と聞かれることもないので、断る側としても気まずい思いもしなくてすむというわけだ。こうして相手との付き合いを良好につなげておくのが商人の町のルールなのである。

京都人の場合はもっとまわりくどく、決してノーとはいわない。だから、京都人が「考えときまひょ」といえば、確実にノーである。

しかも、常にお世辞でものをいうので、褒められても真に受けてはいけない。**京都人は、よく「よろしおすな」といってくれるが、この言葉は相手を傷つけないためのお世辞である。**本心から「よい」と思って発しているわけではない。京都人の知恵から出た言葉なのである。

CHARACTER

冷ややかな東京人は人懐っこい大阪人にタジタジ？

　東京人の中には、大阪人はちょっと苦手と感じる人がいるという。その理由を聞くと、初対面であっても、「これから、どうすんの？」「その服、どこで買《こ》うたん？」「彼氏いるん？」などと、ズケズケと聞いてくる人が多いからだという。まったくの他人、それも初対面であってもそれを意に介さず、プライベートなことまで質問されると、その距離感に戸惑ってしまうというのだ。

　一方、大阪人は東京人のことを「冷たい」「よそよそしい」と感じてしまうようだ。いつまでたっても打ち解けない印象があり、大阪人同士のように気心が知れた関係になりにくいという。こちらは、なかなか縮まらない距離感に寂しい思いをしているわけだ。

　初対面の人への距離感の違いが、お互いの印象を悪くしてしまっているといえるだろう。

距離感の取り方の違いは、街中で芸能人を見かけたときの反応にも表れている。
東京では、芸能人を見かけても、わざわざ声をかけたりしない。芸能人を見かける機会が多く、それが特別なことではないという面もあるが、芸能人といってもプライベートな時間は邪魔されたくないだろうという配慮の気持ちからだ。だから握手を求めたり、一緒に写真を撮ってくれと頼んだりする人は多くない。
これが大阪になると、まるきり変わる。芸能人を見かけたら、すぐに近寄っていって声をかける。「応援してんで」と励ましの言葉をかけ、「やっぱ実物のほうがエエ男やわあ」などと褒めたりして、なかなか離れようとしない。また、握手や写真を悪びれもせずに要求する。決して悪気はないのだが、芸能人にしてみれば、時間がないときは少々迷惑だろう。

こういった距離感の違いは、文明開化以後に生まれたという。

江戸時代の東京人も、大阪人の気質に似たフレンドリーな下町人情をもっていた。しかし、文明開化によって大都市になり、全国、あるいは外国から多くの人が集まるようになると、文化や価値観の違いからトラブルが多くなった。そういった**面倒ごとを避けるため、東京人は他人のことには干渉しないクールな対応を身に付けていったようだ。**

新参者が次々とやってくる大都会東京と、都会とはいえ昔から住んでいる顔見知りが多い大阪では、それぞれに適した対応術があるようだ。

CHARACTER

大阪のおばちゃんにとって「飴ちゃん」は食べ物ではなかった！

大阪のおばちゃんといえば肝っ玉が強くてフレンドリー、そして何かことあるごとにカバンから飴が出てくる。**大阪のおばちゃんはこの飴を、親しみを込めて「飴ちゃん」と呼ぶ。**なかには、大袋に入った複数の種類の飴を購入し、専用のポーチなどに入れ替えて持ち歩いている人までいる。

大阪で生活をしたことのある人なら、街中で咳をしていたり、道を教えてあげたりしたとき、見知らぬおばちゃんから「飴ちゃんあるでー」ともらった経験があるかもしれない。実際に「お母さん業界新聞大阪版」編集部が調査したところ、大阪在住の女性の約53パーセントが飴を持ち歩いているという。

なぜ大阪のおばちゃんは、せんべいでもビスケットでもなく飴を持ち歩いているのか。

もちろん、かさばらずに持ち歩きやすく、外でも食べやすいといった理由もあるが、

そもそもは大阪が古くから飴玉の産地だったことも関係している。
江戸時代「天下の台所」と呼ばれた大坂には、砂糖や水あめが集まり、盛んに飴づくりが行われていた。今でも大阪には「パイン」や「扇雀《せんじゃく》 飴本舗《あめほんぽ》」など、飴の専業メーカーがある。昔から大阪と飴とは切っても切り離せない存在だったのである。
ならば大阪の人々はたくさん飴を食べているのかと思いきや、**意外にも飴の1世帯当たりの都道府県別の消費量は、なんと大阪が全国最下位なのである。**
大阪のおばちゃんのマストアイテムともいえる飴の消費量がこれほど低いことに驚いてしまう。

じつは「飴ちゃん」は、口寂しいときに食べることもあるが、それよりも人にあげるのが一番の役割。仕事場で交換し合ったり、ちょっとしたお礼に差し出したりする物なのである。

もともと大阪人はサービス精神旺盛で、おすそわけの文化も発達していた地域だった。その文化と、昔から多く生産されてきた飴が結び付いたわけだ。

そう、大阪のおばちゃんたちにとって飴はただのお菓子ではなく、人にあげることで生まれるコミュニケーションツールなのである。

CHARACTER

「オレオレ詐欺」に強い大阪人も、儲け話には弱かった！

「オレだよ、オレ……」と身内になりすましてお金を振り込ませようとする「オレオレ詐欺」は、平成の時代に誕生した新手の詐欺の一つ。あまりに被害が多発することから、マスコミや警察、金融機関などがひたすら注意喚起を行っているが、それでも被害はなくならない。

そのオレオレ詐欺にめっぽう弱いといわれているのが東京で、逆にめっぽう強いのが大阪だ。

警察庁が発表した「特殊詐欺府県別認知状況」（2013（平成25）年1月～12月）によると、1位は東京で、大阪は3位という結果が出ている。順位こそ共に高いが、件数は東京が2616件で、大阪は1110件と半分以下。東京の被害数の多さたるや、全国の認知件数のおよそ4分の1を占めているのである。

大阪がオレオレ詐欺に強い理由は、商人の町で育った大阪人に「よくわからないものには一銭も出したくない」という心理があるからだという。また、相手の話に理屈が通らない部分があれば、徹底的にツッコミを入れて根掘り葉掘り聞くからではないかともいわれている。

ただ、オレオレ詐欺には強い大阪人にも弱点がある。**じつは大阪人は自分に得になりそうな儲け話にはついつい騙されてしまうようで、還付金詐欺には引っ掛かりやすい。**

事実、2016（平成28）年度の全国の還付金詐欺の認知件数3682件のうち、大阪府が1位で725件、2位の千葉県が481件となっていて、大阪がダントツなのだ。

還付金詐欺は、公務員や銀行員などを装って税金や保険料を還付すると騙して、逆にお金を振り込ませる手口のこと。金銭感覚が鋭い大阪人だからこそ、儲け話にはすぐに飛びついてしまうらしい。

CHARACTER

東京の女性よりも、大阪の女性は身持ちが堅い？

東京の女性に比べ、大阪の女性は派手な印象がある。ファッションはビビッドカラーが人気だし、会話のノリもよく、気さくな女性が多い。となると、男女の関係でも東京より大阪の女性のほうが積極的なのではないか、と思える。ところが、**実際には大阪の女性は東京の女性より身持ちが堅いというデータがある。**

それは、美容クリニック「ゴリラクリニック」が2015（平成27）年に行った【関西女性VS関東女性】恋愛・セックスに関するアンケート調査」。20〜30代の関西女性と関東女性それぞれ111名の合計222名に対して実施された。

その結果、「お付き合いして何度目のデートでセックスOKか？」という問いに、「初デートで」と答えた関西女性が9・9パーセントだったのに対し、関東女性は14・4パーセントもいたのである。逆に「もったいぶる」と答えた女性は関西女性が36・0パーセントだったのに対し、関東女性は29・7パーセントだった。

身持ちが堅いぶん、関西女性は浮気にも厳しい。

「どこからが浮気?」の問いに対し、関西女性は「セックス」が87・4パーセントだが、関東女性は79・3パーセント。「キス」は関西女性が82・0パーセントに対し、関東女性は69・4パーセントだった。どちらも関東女性のほうが数値が低く、関西女性より浮気に寛容だといえる。

このような恋愛観の違いは、江戸時代からの風潮が影響しているのかもしれない。

もともと江戸時代は、かなり性愛文化が開けていて、処女性も重視されていなかった。特に、江戸は男性の割合が圧倒的に多かったので、若い女性は自分の身を守る術を知る必要があった。そこで、母親は早くから娘に性教育を行い、避妊の方法も教えていた。**きちんと対応すれば危険を回避できると知っていたため、かえって江戸の女性は自由恋愛に積極的だった。**

一方で江戸時代の大坂は男女の数が半々ぐらいだった。男が女を騙すことが多かったし、妾《めかけ》を抱える旦那衆もめずらしくなかった。大阪の女性たちは、自然と男に対する警戒心を身に付けたようだ。

この当時の恋愛観が現代にも受け継がれているのかもしれない。

CHARACTER

どうして関西の仏壇は金ピカになっているの？

もしも自宅や実家に仏壇があるなら、今一度よく見てほしい。どんなつくりをしているだろうか。そうそう買い替えるものでもないので、意識する機会がないかもしれないが、仏壇には大きく分けて2種類ある。塗り仏壇と唐木《からき》仏壇だ。

塗り仏壇とは、杉や松、檜《ひのき》などでつくられ、そこに漆《うるし》を塗り重ねたうえ、仏壇の内側に金箔を張ったもの。扉を開けると、金箔がキラキラと輝き、まばゆい。

一方、唐木仏壇は木材だけでつくった仏壇。材料には黒檀《こくたん》、紫檀《したん》、檜などが使われる。木目を活かした仏壇で、塗り仏壇のような荘厳さはないが、落ち着いた印象を与える。

関西では、圧倒的に塗り仏壇が多く、唐木仏壇はほとんどない。そう聞くと多くの人は「やはり関西は派手好きだから」と納得するかもしれない。しかし、関西で塗り仏壇が支持されるのは、派手な気質だからではない。塗り仏壇と唐木仏壇では、歴史の長さが違うのだ。

もともと仏壇といえば、塗り仏壇のことを指していた。塗り仏壇で金箔を使うのは、金色が極楽浄土を表すと考えられていたためだ。家の中のお寺ともいわれる仏壇だけに、金箔と伝統工芸の技法で豪華に仕上げるのが古来の習わしだったのである。

だから、関西だけではなく、ほかの地域でも塗り仏壇が多い。江戸時代から続く産地も全国に散らばっており、京仏壇や大阪仏壇をはじめとし、山形仏壇、名古屋仏壇など15カ所の仏壇が伝統工芸品として経済産業大臣に指定されている。

一方、唐木仏壇がつくられるようになったのは明治時代の初め頃。そしてニュータイプである唐木仏壇が東京を中心として関東で主流になったのは、1923（大正12）年の関東大震災以後である。

震災で焼け野原になった街が復興し、新たに家に仏壇を置くにあたり、東京人の多くは伝統的な塗り仏壇よりも、新しい唐木仏壇を選んだ。こうして東京では唐木仏壇が主流となり、その後、徐々に関東地域へも広まっていったと考えられる。

つまり、仏壇に違いが生まれたのは、伝統的で豪華なものよりも新しくてシンプルなものを好む東京人の嗜好が反映された結果といえる。

CHARACTER

東京だって大阪をライバル視していた！

東京と大阪のライバル関係を象徴するのが、プロ野球で伝統の一戦といわれる巨人対阪神だ。長嶋茂雄と村山実、王貞治と江夏豊、江川卓と掛布雅之といったように、両球団にはライバル関係にある選手が多く誕生してきた。球団そのものも日本初のプロ野球球団である巨人が、相手チームがほしいがために、阪神に話をもちかけて球団が創設されたという歴史をもっており、特に阪神ファンは「巨人にだけは負けてほしくない」という気持ちが強い。

野球の世界だけでなく、大阪人は何かと東京人をライバル視しているといわれる。**かつて商都として栄えた大阪の人々にとって、現在日本の首都として何においてもトップに君臨する東京の人々が苦々しく思えるようだ。**

こうした大阪人の東京への強い対抗意識は、大阪維新の会（維新）が唱えた大阪都構想にも表れているのかもしれない。大阪都構想は府や市、区の単位で分けられている行政単位を、東京のように一つにまとめて大阪都にしようというもの。2015（平成27）年の住民投票では否決されたが、2019（平成31）年の大阪府知事、大阪市長のダブル選挙で維新の松井一郎市長、吉村洋文府知事が誕生し、もう一度大阪都構想の住民投票を行うのではないかといわれている。

もちろん、これは二重行政のムダを省くことを意図した計画だが、一方で大阪人の東京への強い対抗意識が透けて見えてしまうという声も多い。

東京人は、経済規模も人口も下の大阪を相手にしていないように見える。しかし、2014（平成26）年に「at home VOX」が実施した日本全国ライバル都道府県のアンケート調査によると、**東京都がライバル視する都道府県第1位は大阪府だった。**

関西は長い歴史を通じて政治、経済、文化の中心であり続けてきた。特に経済は江戸に幕府が移ってからもずっと大阪がリードしていた。そのため、一見、平静を装ってはいるものの東京人は大阪人にライバル心を、憧れとともに持ち続けているようだ。

結局のところ東京人も大阪人もお互いを最大のライバルとして意識しているのである。

CHARACTER

本当にせっかちなのは大阪人じゃなくて東京人だった⁉

大阪には「イラチ」という言葉がある。これは「せっかち」という意味であり、まさに大阪人を象徴する言葉の一つといえるだろう。

なにしろ大阪人はやたらせっかちで、たとえ動く歩道であっても、立ち止まるということをしない。

実際、大阪の阪急梅田駅構内から阪急百貨店うめだ本店に向かう通路に設置されている動く歩道では、よほどの年輩の方でもない限り、ほぼ全員が歩いている。歩道が動いて運んでくれているというのに、自らも歩いてしまうのだから、そのせっかちぶりはかなりのものだ。

ところが、**本当にせっかちなのは、大阪人ではなく東京人だというデータがある。**

2016（平成28）年、ドコモ・ヘルスケアが18～91歳の男女1万362人を対象に運動データを調査したところ、都道府県ごとの早歩き率のトップは神奈川で、2位

は東京、せっかちで有名な大阪は6位という結果が出たのだ。しかも、3位は埼玉、4位は千葉となっており、関東人がかなり早歩きであることがわかる。

東京と大阪の早歩き歩数を比較すると、1日平均209歩東京のほうが多い。

このデータを見る限り、一見せっかちに思える大阪人より、本当は東京人のほうがせっかちだということになる。

何が東京人をこれほど急がせているのだろうか。

じつは、同調査で、歩行速度を年収ごとに集計した結果から、年収1000万円以上の人は、平均年収の人より約1・2倍も歩行速度が速いことも明らかになったのである。

総務省の家計調査（２０１３（平成25）年）によると、東京都は日本全国で最も平均年収が高い。早歩き率の上位を占める埼玉県、千葉県、神奈川県はどうだろうか。それぞれ、第2位、第8位、第9位とやはり上位に位置している。

これに対して大阪の平均年収の順位は第34位。もしかしたら**平均年収が高い関東の人々は、仕事に追われて早く歩いているのかもしれない。**

無論、平均年収と早歩きの直接の関係はわからないが、年収アップを狙うならば、今後少し早歩きしてみたくなる結果である。

育児に参加しない関西の男性と結婚すると苦労する？

CHARACTER

日本では、かつて家事育児は女性の仕事と考えられていた。現在でもその風潮は残っているが、最近では育児に協力的な「イクメン」も増えてきている。とはいっても、やはり地域によって差があるようだ。

総務省統計局の調査によると、夫の家事時間は、関東では第2位に埼玉県（97分）、第10位に東京都（77分）がランクインしている。

それに対し関西は、第37位大阪府（56分）、第42位滋賀県（52分）、第43位兵庫県（51分）、第45位京都府（50分）、最下位和歌山県（47分）と軒並み順位が低い。このデータから推測すると、関西にはイクメンが少ないといえそうだ。

もし関西の男性と結婚すれば、妻一人で育児と家事をすべてこなさなくてはならず、苦労しそうである。しかし、じつはそうとばかりはいえない。関西の男性と結婚したほうが妻の負担は少ないかもしれないと思わせる、次のデータがある。

総務省の就業構造基本調査２０１７（平成29）年版の共働き世帯の割合によると、割合の高いほうから数えて第44位兵庫県、第46位大阪府、第47位奈良県と、下位３県を関西勢が占めている。つまり、**関西では共働きが少なく、専業主婦が多い傾向にあるのだ。**

関西で共働き率が低いのは、歴史的背景に理由があるともいわれている。

奈良や京都が都だった時代、そこで栄えたのは貴族文化である。貴族社会では、女性は和歌や琴などをたしなむことが奨励された。つまり、女性は働かず、家にいて、風流に過ごすことがよしとされていたわけだ。

そうした価値観が残り、今でも女性は外で働くよりも、家にいてほしいという考えが根強く残っているのかもしれない。

関東と関西どちらの男性と結婚したほうが負担の少ない生活が送れるのかは、女性が専業主婦になりたいのか、バリバリ働くキャリアウーマンになりたいのかによって判断が分かれそうだ。

イクメンは関東に集中!?

都道府県別　夫の家事時間ランキング

順位	都道府県	家事時間
2位	埼玉県	97分
10位	東京都	77分
13位	栃木県	70分
16位	群馬県・千葉県	68分
20位	神奈川県	67分
24位	三重県	65分
26位	奈良県	64分
32位	千葉県	60分
37位	大阪府	56分
42位	滋賀県	52分
43位	兵庫県	51分
45位	京都府	50分
47位	和歌山県	47分

※6歳未満の子どもがいる夫婦と子ども世帯が対象
※家事、介護・看護、育児及び買い物の合計(土日を含む週平均)
<資料:2011年総務省統計局「社会生活基本調査」>

CHARACTER

京都の人々が東京を首都だと認められないワケ

日本の首都が東京であることは、世界の人々が知るところだが、じつは日本国内にそれを認めていない人たちがいる。それは京都の人々である。京都といえば平安時代から明治維新まで日本の都として繁栄した土地。そのプライドもあり、**いまだに東京を新しい首都とは認めていないのだという。**

日本の都が京都から東京に移ったのは、明治維新の直後である。日本の近代化を目指した明治新政府は、新国家にふさわしい新しい首都建設を計画した。その話し合いの中で、土地が狭く、古い伝統が色濃い京都を脱して、すでに大都市となった江戸に移転することが決定された。江戸であれば、北海道や東北地方にも天皇の威光を及ぼすことができるとも考えられたようだ。

こうして１８６８（明治元）年、京都にいた明治天皇は江戸から名前を変えた東京に行幸《ぎょうこう》することになった。この後、一度は京都に戻ったが、１８６９（明治２）年の太政官《だじょうかん》などの行政機能も移転した二度目の行幸により、実質的に首都が東京に移ったといえる。

この「実質的に」というのが問題だった。このとき、首都移転に関する詔《みことのり》や布告が何も出されなかったのだ。1941（昭和16）年に文部省が編纂した『維新史 第5巻』にも、あえて都を移す遷都《せんと》ではなく、都を定めるという意味の奠都《てんと》という言葉が使われている。そして、いまだに東京を首都と定めた法律はどこにも存在していないのである。

そのため、「いまだに天皇は東京へ出かけて京都を留守にしているだけ。遷都の正式発表がないのだから、今でも正式な首都は京都」というわけだ。

なぜ、明治新政府は移転の際に、正式に詔や布告で遷都を発表しなかったのだろうか。それは、**発表よりも政府を安定させるのが先と考えていたことに加えて、京都の遷都反対派への配慮が大きかったようだ。**

遷都と宣言して反対派を刺激するのを恐れ、天皇は行幸中ということにして、なし崩し的に首都東京を既成事実化しようとしたわけだ。そのもくろみは見事成功したのだが、結果、発表するタイミングを見失ってしまったのである。

こうして、すでに1世紀以上首都東京は既成事実化しており、遷都反対派の望みは断たれたのも同然に思われていた。

しかし、**2021（令和3）年度中に文化庁の京都への全面移転が発表されたため、近年、再び首都京都論が盛り上がっている。**

行われるのは、首都機能の一部移転にすぎないが、明治維新以来初となる中央省庁の移転である。これが天皇の還幸《かんこう》への第一歩になるのではないかと京都人が期待したくなるのも当然だろう。

8章

「自然・動物」も東と西では別世界！

NATURE

気候の違いが関東と関西の気風の違いを生んだ!?

日本のほとんどの地域は温帯湿潤気候か冷帯湿潤気候に属している。日本列島は南北に細長いので、これに当てはまらない地域もある。北海道は亜寒帯だし、南西諸島は亜熱帯である。

関東と関西でも、気候はかなり違っている。そして、この気候の違いが、関東人と関西人の気風の違いを生み出した一因になっているかもしれない。

関東では、冬に平野部を吹き抜けるからっ風が吹き、どこか荒涼とした印象を感じさせる。そして、雨は激しく横に降り注ぐ。風が強いので、関東の農家の周囲は樹木や竹藪などで囲まれていて、壁は荒壁が多く、屋根の勾配は急だ。この風景は重々しさを感じさせる。

一方、関西でも秋から冬にかけて京都盆地の野の草を吹き分けるように強い「野《の》分《わけ》」と呼ばれる風が吹くのだが、関東のからっ風のような荒々しさは感じない。雨も関西では真っ直ぐしめやかに降り注ぐ。そのため、関西の農家は白壁を塗った家が多く、屋敷の周りに水を巡らせるなど、関東に比べて開放的な印象を受ける。

つまり、関東の気候は強圧的なイメージなのに対し、関西の気候は繊細で暖かい。この違いが住居にも表れているのである。

こうした気候の違いは、人々の気風にも影響していそうだ。関東の荒々しい気候の中で生まれ育った農民たちは、改革を望まない保守的な人が多い。そして彼らの中から、剛直な文化をつくり上げた関東武士が誕生したのである。

では、関西はどうかというと、その気候のやさしさから、開放的であると同時に、多様性を感じさせる。

また、**気候の違いは自然の風景にも違いを生み出している。**関西の新緑は色彩が豊かで、秋の紅葉も鮮やかに色づく。しかし、関東の場合は、関西に比べると木々の色彩が単調に感じられる。

関西人が華やかなものを好み、関東人がすっきりしたものを「粋」だとして愛するのも、気候が影響していると考えられなくもない。

NATURE

ゴミを荒らさない大阪のカラスはお行儀がいい？

朝、家を出たら、ゴミ置き場の周囲に生ゴミが散乱している光景を見たことがある人は少なくないだろう。**東京を中心とする都心部では、カラスが生ゴミを狙う光景があちらこちらで見られる。**

その被害を防ぐために、ゴミ置き場にネットをかけて防御したり、蓋付きのボックスを設置したりするなど、さまざまな対策が行われているが、抜本的な解決には至っていない。

そこで東京都では、カラスそのものの数を減らす対策を講じることにし、2001（平成13）年から対策プロジェクトを発足して、カラスの捕獲や巣の撤去を行った。その結果、10年間でカラスの数は半分以下にまで激減したという。

ただ、やはり少なくなったとはいっても、カラスの姿は見られるし、生ゴミ散乱の被害がなくなったわけではない。

ところが、同じ都会なのに、大阪ではカラスが生ゴミをあさる光景があまり見られないのだ。大阪のカラスはお行儀がいいのか、それとも少食なのか。

無論そんなことはなく、理由がある。じつは、**大阪では特別なカラス対策が行われているわけではない。ただ東京とはゴミ収集の時間が異なっているのだ。**

東京の場合、たいていゴミ収集車は午前8時頃から回収を始める。

一方、大阪の繁華街の場合は大半のゴミ収集車が深夜のうちに回収を行っているのである。大阪を代表する繁華街であるキタやミナミでは、飲食店と個別契約した民間のゴミ回収業者が午前3時頃までにはゴミ回収をすませている。

そのため、朝になってカラスが動き出す頃には、大阪の街からはすでにゴミが回収された後。カラスは街中では食事にありつくことができないので、郊外で食料を確保するしかないというわけだ。

では、大阪はカラスが住みにくい環境なのかというと、そうでもない。郊外の公園にいけば、多くのカラスが生息している。大阪では、人間とカラスがうまく住み分けをしているのである。

NATURE

関東育ちの馬と関西育ちの馬、競馬で勝つのはどっち？

かつて日本では、馬や牛は交通手段としてはもちろん、運送や農耕などさまざまな場面で活躍していた。ただしその光景は関東と関西では趣が違っていたようだ。**関東では馬、関西では牛が活躍していたのである。**近畿など関西では牛が交通や運送に使われ、田植えなどの農耕にも使われていた。これに対し、関東では馬が交通の中心で、田を耕すときにも馬が使われていた。

なぜこのように東西で利用される動物が分かれたのか。それは地域の歴史や風土とかかわりがある。

東日本の武士団は、馬を戦力として使っていた。また、農業においても気温の低めな東日本では田植ができる期間が短いために速足の馬が好まれ、さらに水気が少なく発酵温度が高い馬の糞のほうが牛の糞より重宝されたという。交通手段も舟運が発達していなかったため、もっぱら馬が中心だった。

これに対して西日本、特に公家文化が発達した近畿では、奈良時代には、すでに大路が整備されており、貴族が乗る牛車や牛を使った荷車などが走りやすい下地が整えられていた。また、中国地方が牛の産地で、牛の供給が容易だった事情もあったようだ。

このように武士文化の関東では馬、公家文化の関西では牛が重用されてきたのである。この「関東は馬」というイメージからすれば、関東にはよい馬が多そうである。

ならば**現代の競走馬においても関東のほうが強いのではと思いきや、ここ30年の競馬界は意外にも西高東低である。**2017（平成29）年にも関西馬が526戦も多く勝ち、年間勝利数でも2017年まで30年連続で関西馬が勝っている。

関東と関西でこれほど差が開いたのは、関西のほうが、充実した調教施設が先に完成したことがきっかけだといわれている。新しい施設で鍛えられた馬が結果を残し始め、多くの馬主が関西に名馬を預けた。こうして西に名馬が集中し、西高東低が進んだというわけである。

NATURE

西日本の温暖な気候が強い野球選手を育んでいる？

2018（平成30）年の夏の甲子園は、大阪桐蔭高校が優勝、秋田県の金足農業高校が準優勝という結果で幕を閉じた。そこに至るまでの数々の試合の中で、金足農業高校の吉田輝星《こうせい》投手が注目を集め、彼はその年のドラフトで日本ハムから指名されてプロ野球選手となっている。

吉田投手が大きな注目を集めた理由は、もちろん彼の実力が評価されたからだが、同時に私立の強豪校がひしめく中で金足農業高校は県立高校だったこと、そして、東北地方の学校だったこともある。

最近ではずいぶん事情が変わってきつつあるが、**甲子園では西日本勢のほうが東日本勢よりも強いといわれる。**

実際、久保哲明氏の『47都道府県ランキング』によると、1915（大正4）年から2017（平成29）年までの夏の甲子園での通算勝率都道府県別ランキング第1位は大阪府で、勝率は62・12パーセントである。第2位には神奈川県がランクインしているものの、第3位は高知県、第4位は愛媛県、第5位愛知県、第6位広島県、第7位徳島県、第8位兵庫県と、やはり西日本が優勢だ。

甲子園はプロへの登竜門ともいわれるだけに、西日本からは東日本よりも多くのプロ野球選手が出ている。

2018年のサンケイスポーツ選手名鑑プロ野球から算出した、人口10万人当たりの割合で一番多い出身地は沖縄県、第2位が佐賀県、第3位が和歌山県である。甲子園勝率ナンバー1の大阪府は第14位と、順位こそ後退しているが、第8位に奈良県、第11位に京都府と関西勢が健闘している。

ほかにも第4位大分県、第7位福岡県、第9位熊本県の九州勢、第10位の四国の徳島県など、西日本が上位にランクイン。東では第13位の群馬県が最上位で、関東勢の代表格である東京都は、第45位という結果だ。

では**なぜ夏の甲子園で西日本勢が優勢なのかというと、最大の理由は気候にあるといわれている。**

夏の甲子園では、グラウンドは40度以上の暑さで湿度もかなり高い。普段涼しい気

候の東日本で練習をしている選手たちは、この暑さで体力を消耗し、なかなか実力を出すことができないらしい。そのため、東日本と西日本で見ると、西日本のほうが暑さに慣れているという点で有利になるわけだ。

本人の実力はさておき、甲子園で活躍したいと思うなら、まずは西日本の高校へ進学したほうがよさそうである。

NATURE

同じに見えるニホンアマガエル、東西2つのグループに分かれていた!?

毎年、春から夏にかけて、田園地帯ではにぎやかなカエルの合唱が聞こえてくる。その声の主は、ニホンアマガエルだ。手足に吸盤のある小さな緑色の姿はおなじみだろう。

ニホンアマガエルは、北は北海道・利尻島から南は九州・屋久島に至るまで、日本全国に生息している。つまり、日本中どこに行っても同じニホンアマガエルに出会うことができるというわけだ。しかし、なんとこのニホンアマガエルが、近畿地方を境にして、遺伝的に真っ二つのタイプに分かれていることが判明した。**関東と関西では、同じように見えても遺伝子的にはまったく違うニホンアマガエルが生息しているということになる。**

この事実が発表されたのは2016（平成28）年11月と比較的最近のことで、日本や中国、欧州など6カ国の国際研究チームが論文を公表し、世間を驚かせた。

研究チームによると、ニホンアマガエルは、近畿地方を境界として、国後島、サハリンまで生息する東グループと、九州地方、韓国、中国、ロシア沿海州まで生息する西グループに分かれているという。つまり、国内のみならず、海外にまで広がる東西グループができているわけだ。それも約500万年前にはすでに遺伝子的に分かれたと考えられるという。

その理由について広島大両生類研究センターは、二つの説を紹介している。一つは近畿周辺にできた浅い海で分断されたニホンアマガエルの二つのグループが、南北それぞれのルートから国外へと広がっていったという考え方。もう一つは、大陸にいたニホンアマガエルが、南北に分かれて二つのルートで日本にやってきたという考え方だ。

後者の説はじつに興味深い。なにしろ、**日本人の体質的、文化的な違いが東西で分かれているのも、モンゴロイドが二つのルートで大陸から渡ってきたことが大きな一因と考えられているからである。**

そもそも日本人のルーツは、日本列島が大陸と陸続きだった後期旧石器時代に、大陸の南北からから渡ってきた二つの古モンゴロイド集団だったといわれている。二つ

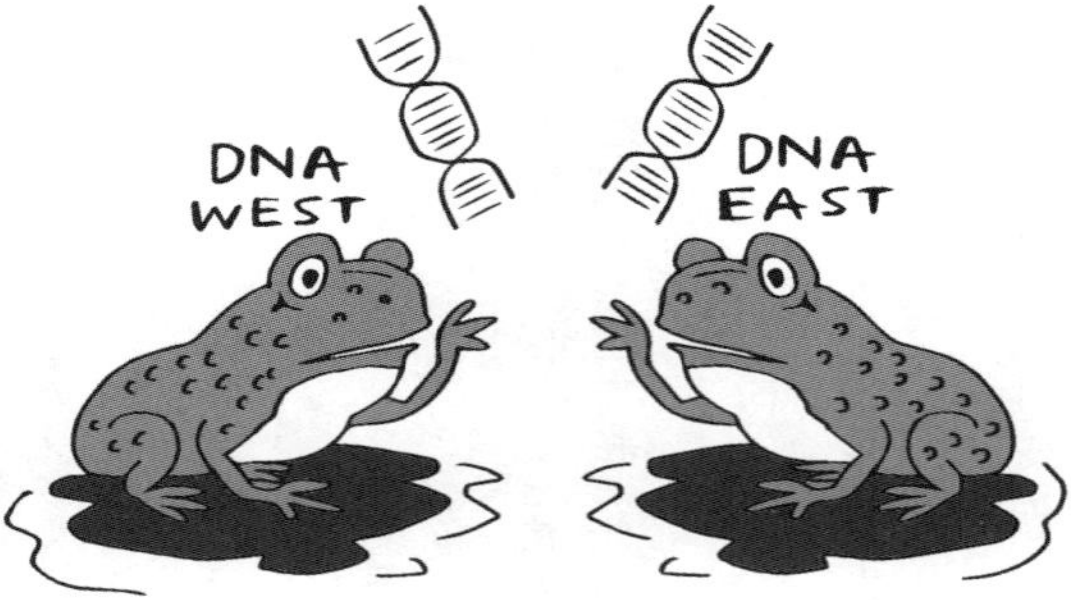

の集団は同じモンゴロイドだが、大陸にいた頃から南北に離れて暮らしていたので、体格や文化などがかなり違っていた。その二つの集団が別々のルートで日本列島にやってきて、交わることなくそのまま南北に分かれて暮らし始めたのだ。

こうして縄文時代が始まり、さらに縄文後期には新モンゴロイドが金属器と稲作の技術を携えて西日本にやってきた。こうして西日本を中心に新モンゴロイドによる弥生文化が始まり、東日本ではその後も長く縄文文化が続いたのである。

ニホンアマガエルも日本人も、東西で外面に違いがあるわけではないが、中身は遠い昔から異なっていたというわけだ。

9章

「レジャー」の楽しみ方で東西気質が一目瞭然！

LEISURE

関東では神輿、関西では山車がお祭りの主役になったワケ

日本の祭りには神輿《みこし》と山車《だし》が欠かせない。「わっしょい、わっしょい」と掛け声をかけて神輿をかついだり、豪華に飾られた山車が祭り囃子《ばやし》の音とともに町を練り歩いたりする姿は、日本を象徴する伝統文化である。

神輿とは神様を乗せた乗り物の輿のことで、山車とは人形や花、彫刻などの装飾を凝らした屋台のこと。どちらも祭りの主役といえるものだが、一つの祭りで神輿と山車の両方が登場するケースは少なく、**地域的に見ると関東では神輿、関西では山車を中心とした祭りが多い。**

なぜ、東西でこのような違いが生まれたのだろうか。

じつは、本来は関東でも関西でも山車が主役を張っていた。山車は室町時代に京都の祇園祭で初めて登場してから各地に広まっていき、祭りといえば山車という時代が長く続いた。

そんな祭りの姿が変わったのは大正時代以降のことだった。１９２３（大正12）年、関東地方は大地震に見舞われ、１９４１（昭和16）年からの太平洋戦争ではアメリカ軍の空襲にさらされた。その結果、多くの山車が焼失してしまい、祭りに出すことができなくなったのである。

豪華絢爛《けんらん》な山車だけに、新たにつくるにはかなりの費用がかかる。そこで祭りを復興する際、関東の人々は山車よりも安くすむ費用で製作可能な神輿をつくったのである。

しかも関東人と神輿の相性がとてもよかった。**担ぎ手が担いで自由に動き回れる神輿が、威勢のいい江戸っ子の気性にはまったのだ。**それ以降、関東の祭りでは神輿が主流となり、けんか神輿など荒っぽいスタイルの祭りも登場した。

一方、震災や空襲の被害を免れた関西の地域では、それまでのように山車が主役を張り続けた。実際、京都の祇園祭や大阪の岸和田だんじり祭など、関西には山車で知られる祭りが多い。

関東は神輿、関西は山車に分かれた背景には、こうした歴史上の出来事が潜んでいたのだ。

LEISURE

3月3日に飾る雛人形、お内裏様とお雛様のどちらを右に置く？

3月3日の雛祭りが近づくと、女の子がいる家ではその子の健やかな成長を願って雛人形が飾られる。日本中どこへ行ってもおなじみの光景だが、じつは関東と関西で違う点があることをご存じだろうか。

まず、お内裏《だいり》様とお雛様の並べ方が異なる。**関東ではお内裏様を向かって左に、お雛様を右に飾る。ところが、関西ではこの逆で、お内裏様を向かって右に、お雛様を左に飾るのが一般的だ。**

そもそも日本では古来、左大臣が右大臣より上位とされるように、「左上右下」という考えがあった。それにしたがい、宮中でも天皇が向かって右、皇后が向かって左、つまり天皇側から見ると天皇が左、皇后が右に座るのが慣例とされていた。

雛人形もこれに倣《なら》って、お内裏様を向かって右、お雛様を向かって左に並べていたのである。

ではなぜ関東では逆の並びになったのかというと、大正天皇が即位の礼に際し、天皇が向かって左、皇后が向かって右に並ばれたことがきっかけだった。明治時代に近代化が進められる中で、西洋の国際儀礼に倣って右が上位という考えを取り入れたスタイルが公的な並びとして広まったのだ。そして皇居のある関東の人々は、いち早くこのスタイルを取り入れて雛人形の並べ方を変えたのである。

しかし、関西では新たな並び方には変えられなかった。なぜなら関西人にとって天皇のお住まいはそもそも京都にあるという自負があったので、伝統的な並べ方が守られたのである。

また、こうした関東と関西の違いは人形の顔にも表れており、それぞれ関東雛、京雛と呼ばれている。**関東雛は目鼻立ちがはっきりして卵型の可愛らしい顔立ち、関西雛は目が切れ長でうりざねのあっさりした顔が特徴だ。**

時代の先端をいく関東では現代風、公家の伝統文化を大切にする関西では公家風が受け継がれているのである。

LEISURE

「いろはカルタ」に登場することわざにも東西の違いがある！

カルタは日本の伝統的な遊びの一つ。お正月ともなると、家族や親戚が集まって楽しんだ記憶のある人も多いに違いない。

カルタには左右の絵を合わせるものや、小倉百人一首のような歌カルタなどさまざまなタイプがあるが、最もポピュラーなのは、絵とことわざを組み合わせた「いろはカルタ」ではないだろうか。

いろはカルタは、いろは47文字に「京」の字を加え、これらを頭文字にしたことわざが記された字札と絵札で計96枚ある。江戸中期から後期にかけて関西で生まれ、江戸に伝わると、遊びながら字やことわざを覚えられるということで流行したといわれる。

ただし、いろはカルタに使われることわざは全国共通ではない。**発祥地である関西と、関西とは気風の異なる関東では、ことわざが違っているのだ。**

江戸っ子たちは、自分たちがより親しみやすいことわざを選び直している。

例えば「ろ」は、上方（関西）では「論語読みの論語知らず」だが、江戸では「論より証拠」とした。前者は「難しい論語を読めても実行しなければ仕方がない」という意味で、後者は「噂ではなく事実で判断せよ」という意味だ。

ほかに、「わ」は上方では「笑うかどには福来たる」（いつもにこやかに笑っている人の家には、自然に幸福がやって来る）なのに対し、江戸では「割れ鍋にとじ蓋」（壊れた鍋には修理した蓋くらいが釣り合いが取れる）だったりする。

「ほ」は上方では「仏の顔も三度」（慈悲

深い仏様といえども、三度目は腹を立てる）なのに対し、江戸では「骨折り損のくたびれもうけ」（苦労するばかりで利益はさっぱりあがらず、疲れだけが残る）である。

商売が盛んな上方のいろはカルタからは、人間関係を壊さない知恵が読みとれる。

一方、江戸のいろはカルタからは、ごちゃごちゃいうより気風のよさを重んじようとする江戸っ子らしい処世術が読みとれる。

いろはカルタはその土地柄を映し出す鏡ともいえそうだ。

LEISURE

関東のほとんどの城には石垣も天守も建てられていなかった！

日本の城というと、江戸城や大阪城、姫路城などがまず思い浮かぶだろう。高く壮大な石垣に天守閣がそびえている姿は見ごたえがあり、外国人観光客にも人気のスポットである。

たしかに、関西ではこのスタイルの近世城郭が多いのだが、じつは関東ではこの二つがそろっている城は江戸城や小田原城を除くとほとんど存在しない。**関東にあるのは石垣も天守もなく、土を盛り上げた土塁で囲まれた城がほとんどなのである。**

なぜ関東と関西で城のタイプが違うのだろうか。

それは、石垣と天守の発祥とかかわりがある。このスタイルの城は、畿内を中心として発達していったからである。

日本の城はもともと関西、関東ともに山の上に建てられることが多く、土塁で囲まれた構造が一般的だった。石垣もつくられてはいたが、せいぜい土塁の土留の役割に使われる程度だった。

しかし戦国時代も半ばになると、政治の中心地の畿内では、城は山から城下町に建つようになった。それに伴い、敵の侵入を防ぐ自然の要害の代わりに、高い石垣や天守の原型となる大櫓《おおやぐら》で防御した城が築かれていった。

こうした**畿内の築城方法を取り入れて近世城郭へと発展させたのが、織田信長である。**現在の滋賀県に安土城を築いた信長は、城に壮大な天守を築き、それまでにないほどの高い石垣を実現させた。

これを可能にしたのは、石工の職人集団である穴太衆《あのうしゅう》の高い技術力である。穴太衆は比叡山延暦寺の麓の出身者たちで、寺院の石工を担っていた。信長はその技術を応用して、安土城に高い石垣を築かせたのだ。

その後、穴太衆は信長の後継者である豊臣秀吉とその配下の大名に召し抱えられ、秀吉は大坂城、伏見城などの近世城郭を近畿とその周辺に築城させた。**豊臣系の大名の多くは関ヶ原の戦いの後、西日本に配されたため、西日本に石垣と天守を持つ城が増えたのである。**

一方で秀吉の死後、天下の覇者となった徳川家康が君臨した関東には、比較的禄高《ろくだか》の低い譜代大名などが配されたため、新しいスタイルの城が建てられなかった。

逆に家康が豊臣家に対して徳川の力を誇示するために、大坂城の周囲には天下普請の近世城郭を築いたことも、関西に壮大な石垣と天守を持つ城郭が増えた一因となった。

石垣と天守のある城は、天下統一の進む時流の中で誕生し、時の権力者によって発展していったために、関西に集中して建築されたというわけだ。江戸城はともかく、ほかの関東の城はそれ以前に築かれた中世の城である。

関東と関西の違いは、城のつくりにも垣間見ることができるのだ。

LEISURE

関東では8月ではなく7月にお盆祭りが開催されるのはなぜ？

夏の代表的な歳事の一つに「お盆」がある。8月13〜15日のお盆の期間に盆休みを設けている会社も多い。

そのため、毎年8月の半ばともなれば、休みを利用して実家に帰省したり、海外旅行や国内旅行に出かけたりする人が急増する。飛行機も新幹線も高速道路も大混雑し、その混雑ぶりがニュースで紹介される。

そう、日本のお盆といえば8月。これがふつうだと思われている。

しかし、**じつは関東ではなぜか、7月に盆祭りが開催されるところが多い。**例えば、江戸時代から伝承されている佃島の盆踊りは7月13〜15日に行われている。関東のお盆は7月に行われるのだ。

では、なぜ関東だけお盆が7月なのかというと、関東が明治政府のお膝元だったことが大きい。

1872（明治5）年、新暦を導入した日本政府は、これを国民に徹底させようと働きかけた。国民にとっては、暦が変わったからといって、これまでの習慣をいきなり変えろといわれても抵抗があっただろう。だが、明治政府のお膝元だった東京周辺では、明治政府の命令に逆らうことは難しかった。そのため、旧暦で行われていた行事やしきたりが、新暦に合わせて行われるようになったのである。

お盆もその一つ。**お盆は旧暦で7月15日だったので、関東では新暦7月13～15日にお盆を行うことになったのだ。**

しかし、新暦の7月15日は、旧暦の7月15日より1カ月ほども早い。そこで、明治政府の目が行き届かなかった都市部以外の地域では、旧暦の7月15日に近い新暦8月15日をお盆として、8月13～15日をお盆の期間として改めて設定したのである。

また、新暦の7月は農作業が忙しい時期だったので、都市部以外の地域では、新暦8月にお盆の時期を当てはめたという説もある。こうして関東では7月に、それ以外のほとんどの地域では8月にお盆の行事が行われるようになったというわけである。

LEISURE

風俗案内所やガールズバーの発祥地・大阪に風俗店が少ないワケ

風俗産業といえば大阪に多いとのイメージをもつ人も多いかもしれない。たしかに風俗案内所、現在人気のガールズバーが誕生したのは大阪だといわれている（ガールズバーは京都という説もある）。また、かつて一世を風靡《ふうび》したノーパン喫茶は京都発祥で、大阪で発展を遂げたといわれている。

関西で次々と新しい風俗産業が生まれるのは、「人間、みなスケベ」と割り切ってさまざまなアイデアを考えてきた商魂たくましい歴史があるからだ。

その割り切りは店のディスプレイにも表れている。裏通りなどに風俗店が固まっているほかの都市と異なり、関西では表通りにも堂々と看板を掲げた風俗店が多く、明るくあっけらかんとしている。

とはいえ、**関西が風俗天国かといえば、そうとも言い切れない。**特に大阪は風俗の王道ともいえるキャバクラやソープランドが少ないのである。

久保哲朗氏の『47都道府県の偏差値』（小学館）によると、スナック・キャバクラの店舗数は東京が７０００軒と最多なのに対し、大阪は１７０８軒と3分の1以下しかない。成人人口10万人当たりの店舗数で見ると、東京が全国10位で、60・７１軒に対し、大阪は39位の23・３４軒。ソープランドの店舗数はどうかというと、１位は東京で、大阪は34位となっている。

このように、大阪は東京に次ぐ大都市であるにもかかわらず、キャバクラやソープランドが極端に少ないのだ。

じつはかつては大阪も、東京のように3ケタとはいかないが、ソープランドが数十軒ほど営業していた。ところが**国際花と緑の博覧会（花博）の開催、関西空港の開港により、警察による大がかりな取締りが行われ、減少してしまったといわれる。**

それを考えると、現在日本で一番多くのキャバクラやソープランドがある東京でも、オリンピックに向けて同じことが起こっても不思議ではない。

LEISURE

関西で生まれた線香花火は下ではなく上に向けて楽しむ

パチパチとオレンジ色の火花を散らす可愛らしい線香花火は、夏の風物詩の一つとなっている。どこか郷愁を誘うこの花火にも、関東と関西で違いがあるのをご存じだろうか。じつは関東人と関西人が線香花火の思い出を話し合っていても、お互い違うものをイメージしている場合があるのだ。

関東の線香花火は「長手牡丹《ながてぼたん》」と呼ばれ、カラフルな色とりどりの紙をこより状に巻いたスタイル。

一方、関西の線香花火は「スボ手牡丹」と呼ばれ、茶色いワラを使った棒の先に火薬がついただけの、マッチ棒のようなシンプルな形をしている。

この**2種類の線香花火のうち、元祖は関西のスボ手牡丹のほうだ。**江戸時代、関西地方ではワラの先端に火薬を付け、線香のように香炉に立てて楽しんでいた。これが線香花火の名前の由来である。農耕が盛んだった関西地方では、ワラが豊富に採れた

ため、必然的に生まれた遊びだったのだろう。

やがてこの線香花火が関東に伝わったのだが、関東では米づくりが少なかったため、ワラが入手しづらかった。その代わりに、関東では紙すきが盛んだったため、ワラではなく和紙に火薬を包む長手牡丹が生まれたのである。

こうして関東と関西では別々の線香花火が楽しまれてきた。遊び方も異なり、関西のスボ手牡丹は火のついたほうを上にななめの角度で持つ。これに対して関東の長手牡丹は、こよりを持って火のついたほうを下に垂らして遊ぶ。燃焼時間は長手タイプのほうが少し長いという。

ただし、線香花火事情も昨今変わりつつあるようだ。**じつは関西でもスボ手牡丹を知らない若い人が増えている。**

スボ手牡丹の場合、見た目が地味なだけではなく、原料となるワラが入手しづらくなっており、火薬に混ぜるニカワが腐りやすい夏には製造できない。そのため、国内でスボ手牡丹の製造を扱う会社は現在1社しかなく、海外メーカーもスボ手牡丹の製造には消極的だという。

こうした事情から、関西でもスボ手牡丹を見ることが少なくなってしまったのだ。もし手にする機会があれば、長手牡丹との違いを楽しんでみてはいかがだろうか。

※参考文献

【書籍・新聞・雑誌等】

『日本の近世（第17巻）東と西 江戸と上方』青木美智男編（中央公論社）／『日本の風土食探訪』市川健夫（白水社）／『日本人の「食」、その知恵としきたり』永山久夫監（海竜社）／『地図・地名からよくわかる!京都謎解き街歩き』浅井建爾（実業之日本社）、『東京「地理・地名・地図」の謎』谷川彰英監（実業之日本社）／『47都道府県の偏差値』久保哲朗、『城のつくり方図典 改訂新版』三浦正幸、『入浴の解体新書―浮世風呂文化のストラクチャー』松平誠（小学館）／『地名の由来から知る日本の歴史』武光誠（ダイヤモンド社）／『大阪学』大谷晃一（経営書院）／『東と西―二つの日本』谷川健一（光村図書）／『季節のお作法』尾塚理恵子（中経出版）／『だしの神秘』伏木亨（朝日新聞出版）／『大阪的基準（オオサカ・スタンダード）』吉本俊二（東洋経済新報社）／『日本のしきたりがわかる本』新谷尚紀監（主婦と生活社）／『東京の地名がわかる事典』鈴木理生（日本実業出版社）／『日本料理とは何か』奥村彪生（農山漁村文化協会）／『和食の常識Q＆A百科』堀知佐子・成瀬宇平（丸善出版）／『暮らしのしきたり十二か月』（神宮館）／『京の「はんなり」江戸は「粋」―魅せるおんなの極上作法』石田かおり、『隠れ大阪人の見つけ方』なにわクリエイターズ（祥伝社）／『くらべる東西』おかべたかし（東京書籍）／『仏事・仏壇がよくわかる』滝田雅敏（しののめ出版）／『風土色と嗜好色―色彩計画の条件と方法』佐藤邦夫（青娥書房）／『食に歴史あり～洋食・和食事始め～』産経新聞編集局（産経新聞出版）／『図説 歴史で読み解く!東京の地理』正井泰夫監修（青春出版社）／『今がわかる時代がわかる日本地図2016年版』（成美堂出版）／『すごい和食』小泉武夫（ベストセラーズ）／『日本地理データ年鑑2018』松田博康監修（小峰書店）／『食で知ろう季節の行事』高橋司（長崎出版）／『統計から読み解く47都道府県ランキング』久保哲朗（日東書院本社）／『県別ランキング大全 最新版』矢野新一監修（エイ出版社）／『日本の作法としきたり』近藤珠實（PHP研究所）／『東京23区の地名の由来』金子勤（幻冬舎ルネッサンス）／『結婚のしきたり・マナーBOOK―婚約から新生活の準備まで』岩下宣子監修（TOブックス）／『絵から読み解く江戸庶民の暮らし』安村敏信監修（新星出版社）／『関東と関西』宮本又次（青蛙房）／『大阪人と東京人―なぜ違う?どこが違う?どこまで違う?』樋口清之（ゴマブックス）／『関西人には、ご用心!』山本健治（三五館）／『銭湯の謎』町田忍（扶桑社）／『関西のレトロ銭湯』町田忍監修・松本康治写真（戎光祥出版）／日本経済新聞／読売新聞／朝日新聞／毎日新聞／産経新聞／京都新聞／太成二葉通信 vol.7（太成二葉産業株式会社）／Business Journal（株式会社サイゾー）／和の生活マガジン花 SaKU（株式会社PR現代）

【ウェブサイト】

総務省統計局／内閣府／環境省／国土交通省／文部科学省／文化庁／東京消防庁／水都大阪／公益財団法人日本文学復興会／一般社団法人FLAネットワーク協会／全国和菓子協会／日本フリーマーケット協会／東洋経済オンライン／AERA dot.／スポルティーバ／Jタウンネット／LIMO／academist journal／ウェザーニュース／上方舞友の会／日本舞踏協会／at home VOX／関西電力／CHINTAI 情報局／東京スカイツリー／CNET Japan／京都岡崎コンシェルジュ／日本ハム／KOGEI JAPAN／引越し侍／docomo HEALTHCARE／株式会社廣部硬器／筒井時正玩具花火製造所／スーモジャーナル／ニッポンのワザドットコム／株式会社ふるさと産直村

本書は、本文庫のために書き下ろされたものです。

ライフサイエンス
　幅広いネットワークを生かして、国内外を問わずあらゆる情報を収集し、独自の切り口で書籍を制作する企画編集組織。スパイスのきいた視点には定評があり、生活に根づいた役立ち情報から、経済・地理・歴史・科学といった教養雑学まで、その領域は広い。
　主な著書に、『知れば知るほど面白い 世界の「国旗・国歌・国名」なるほど！ 雑学』『ここまでわかった！［図解］恐竜の謎』『どうしてこうなった⁉ 奇跡の「地球絶景」』『見たい、知りたい！ 日本の庭園』（以上、三笠書房《知的生きかた文庫》）などがある。

知的生きかた文庫

関東《かんとう》と関西《かんさい》 ここまで違《ちが》う！ おもしろ雑学《ざつがく》

著　者　ライフサイエンス
発行者　押鐘太陽
発行所　株式会社三笠書房
〒一〇二-〇〇七二 東京都千代田区飯田橋三-三-一
電話〇三-五二二六-五七三四〈営業部〉
　　〇三-五二二六-五七三一〈編集部〉
http://www.mikasashobo.co.jp
印刷　誠宏印刷
製本　若林製本工場

ISBN978-4-8379-8608-9 C0130

C50372